Peter Burk, Günther Weizenhöfer
Hauskauf – neu oder gebraucht
Vom Bauträger oder aus zweiter Hand

Peter Burk, Günther Weizenhöfer

Hauskauf – neu oder gebraucht
Vom Bauträger oder aus zweiter Hand

3., durchgesehene Auflage

Fraunhofer IRB Verlag

Die Deutsche Nationalbibliothek verzeichnet diese Publikation in der
Deutschen Nationalbibliografie; detaillierte bibliografische Daten sind im
Internet über http://dnb.d-nb.de abrufbar.
ISBN: 978-3-8167-8680-1

Layout: Dietmar Zimmermann
Umschlaggestaltung: Martin Kjer
Druck: Druckerei Mack GmbH Print·Media·Services, Schönaich

Für den Druck des Buches wurde chlor- und säurefreies Papier
verwendet.

Alle Rechte vorbehalten
Dieses Werk ist einschließlich aller seiner Teile urheberrechtlich geschützt.
Jede Verwertung, die über die engen Grenzen des Urheberrechtsgesetzes
hinausgeht, ist ohne schriftliche Zustimmung des Fraunhofer IRB Verlages
unzulässig und strafbar. Dies gilt insbesondere für Vervielfältigungen,
Übersetzungen, Mikroverfilmungen sowie die Speicherung in elektronischen
Systemen.

Die Wiedergabe von Warenbezeichnungen und Handelsnamen in diesem
Buch berechtigt nicht zu der Annahme, dass solche Bezeichnungen im Sinne
der Warenzeichen- und Markenschutz-Gesetzgebung als frei zu betrachten
wären und deshalb von jedermann benutzt werden dürften.

Sollte in diesem Werk direkt oder indirekt auf Gesetze, Vorschriften oder
Richtlinien (z.B. DIN, VDI, VDE) Bezug genommen oder aus ihnen zitiert
werden, kann der Verlag keine Gewähr für Richtigkeit, Vollständigkeit oder
Aktualität übernehmen. Es empfiehlt sich, gegebenenfalls für die eigenen
Arbeiten die vollständigen Vorschriften oder Richtlinien in der jeweils
gültigen Fassung hinzuzuziehen.

© by Fraunhofer IRB Verlag, 2012
Fraunhofer-Informationszentrum
Raum und Bau IRB
Nobelstraße 12, 70569 Stuttgart
Telefon (0711) 9 70-25 00
Telefax (0711) 9 70-25 08
E-Mail: irb@irb.fraunhofer.de
http://www.baufachinformation.de

Einführung

Liebe Leserin,
lieber Leser,

der Kauf eines Hauses ist nach wie vor ein begehrtes Lebensziel. Die Wahl für den Hauskauf als Alternative zum Hausbau fällt meist dann, wenn ein eigenes Grundstück nicht vorhanden ist oder aber eine zentrale Wohnlage gewünscht ist, in der keine Grundstücke mehr zu erhalten sind. Man wird bei der Suche nach einem Haus in aller Regel auf drei verschiedene Varianten treffen, die einem angeboten werden: Bestandsgebäude über einen Makler oder direkt von privat, fertiggestellte oder in Bau befindliche Neubauten vom Bauträger und projektierte Neubauten vom Bauträger. Da man sich nur in den seltensten Fällen aussuchen kann, auf welche dieser Angebotsvarianten man zurückgreifen kann, sondern in aller Regel alle Varianten für den Hauskauf in Erwägung ziehen wird, behandelt das vorliegende Buch auch alle drei Varianten.

Das Buch gliedert sich hierbei in zehn Kapitel, die nacheinander die wichtigsten Schritte zu Finanzierung, Suche, Besichtigung, Kauf und Abnahme behandeln.

Wir hoffen, Ihnen mit diesem Ratgeber umfassende und wichtige Informationen für Ihren Weg zum eigenen Haus an die Hand geben zu können.

Inhaltsverzeichnis

Einführung		5
1.0	Neu oder gebraucht?	9
1.1	Die neue Immobilie und ihre Anbieter	9
1.2	Die gebrauchte Immobilie und ihre Anbieter	10
1.3	Zwangsversteigerungen von Immobilien	11
2.0	Die Bedarfsermittlung	13
2.1	Finanzierungsbedarf	13
2.2	Wohnbedarf	19
3.0	Die Angebotsprüfung einer neuen Immobilie vom Bauträger	24
3.1	Berufsbild und Arbeitsweise eines Bauträgers	24
3.2	Die Makler- und Bauträgerverordnung (MaBV)	25
3.3	Angebote von Bauträgern	29
3.4	Überprüfung der Baubeschreibung	30
3.5	Überprüfung der Wohnfläche	47
3.6	Der Energiebedarfsausweis für neu zu errichtende Gebäude	48
3.7	Überprüfung der Anbieter	53
4.0	Die Angebotsprüfung einer gebrauchten Immobilie vom Makler oder von Privat	55
4.1	Angebote von Immobilienmaklern und Privatverkäufern	55
4.2	Qualitätseinschätzung von Bestandsimmobilien nach Baujahren	56
4.3	Richtige Besichtigung einer Bestandsimmobilie	57
4.4	Auswirkungen der Energieeinsparverordnung (EnEV) auf Bestandsimmobilien	86
4.5	Energieausweis für Bestandsgebäude	89
4.6	Altlasten und Schadstoffe bei Bestandsimmobilien	89
4.7	Denkmalschutz	90
5.0	Die Beurteilung des Kaufpreises einer neuen und gebrauchten Immobilie	92
5.1	Analyse des Kaufpreises	92
5.2	Kostenvergleich des Angebots	93
5.3	Zusätzliche Kosten zum Kaufpreis	94

6.0	Der Kaufvertrag einer neuen und gebrauchten Immobilie	97
6.1	Der Kaufvertrag einer neuen Immobilie	97
6.2	Der Kaufvertrag einer gebrauchten Immobilie	101
6.3	Die notarielle Beurkundung	103
7.0	Die Bauphase eines projektierten Neubaus	106
7.1	Möglichkeiten und Grenzen der Baukontrolle	106
7.2	Vorgehen bei Mängeln	107
7.3	Luftdichtigkeitsprüfung	108
7.4	Bauablauf und Zeitbedarf	109
8.0	Die Abnahme einer neuen Immobilie	114
8.1	Vorgehen bei der Abnahme	114
8.2	Mängel bei der Abnahme	115
8.3	Typische Mängel	117
8.4	Checklisten für die Abnahme	119
9.0	Die Übergabe einer gebrauchten Immobilie von Privat	145
9.1	Vorgehen bei der Übergabe	145
9.2	Mängel bei der Übergabe	146
9.3	Checkliste für die Übergabe	146
10.0	Mängel und Gewährleistung nach der Abnahme bzw. Übergabe	148
10.1	Die Gewährleistung bei einer neuen Immobilie	148
10.2	Die Gewährleistung bei einer gebrauchten Immobilie	148
10.3	Das Vorgehen bei Mängeln einer neuen Immobilie nach der Abnahme	149
10.4	Das Vorgehen bei Mängeln einer gebrauchten Immobilie nach der Übergabe	150

Zum Schluss 151

Stichwortverzeichnis 152

Anhang 156

1.0 Neu oder gebraucht?

Man kann nicht grundsätzlich sagen, dass ein Neubau besser ist als eine Bestandsimmobilie oder umgekehrt, sondern dies kommt stark auf den Einzelfall an. Besonders entscheidend beim Preis von Immobilien sind neben dem Gebäude an sich auch die Grundstücksgröße und vor allem die Lage. Die Lage einer Immobilie bestimmt auch wesentlich den zukünftigen Wert der Immobilie. Und genau hierin liegt Ihr Vorteil, wenn Sie unvoreingenommen an den Hauskauf gehen und sowohl gebrauchte wie auch neue Objekte berücksichtigen: Sie haben dann eine größere Auswahl, häufig auch in interessanter Lage. Wie Sie Neuimmobilien vom Bauträger richtig überprüfen, erfahren Sie in Kapitel 3 dieses Buches, wie Sie Bestandsimmobilien richtig besichtigen und überprüfen, erfahren Sie in Kapitel 4. Nachfolgend lernen Sie die häufigsten Anbieter von Neuimmobilien und gebrauchten Immobilien kennen.

1.1 Die neue Immobilie und ihre Anbieter

Neuimmobilien, die am Markt angeboten werden, sind in aller Regel Objekte von einem Bauträger. Bauträger sind gewerbsmäßig tätige Unternehmen, die in kleinerem oder größerem Umfang Grundstücke kaufen und beplanen. Diese projektierten oder auch im Bau befindlichen Objekte werden dann an einzelne Endkunden veräußert. Bauträger verkaufen daher meist Doppelhäuser, Reihenhäuser oder auch Eigentumswohnungen, nur selten frei stehende Einfamilienhäuser.

Abb. 1:
Neuimmobilie

Bauträger bedienen sich beim Verkauf der Objekte bisweilen auch der Dienste von Immobilienmaklern. Auch wenn Ihnen also eine neu gebaute Immobilie vom Makler angeboten wird, wird Ihr eigentlicher Vertragspartner meist ein Bauträger sein. Angebote von Bauträgern finden Sie meist in den Immobilienanzeigenseiten Ihrer regionalen Zeitung.

Ferner gibt es im Internet Anzeigenportale. Diese sind jedoch häufig nur bedingt nutzbringend, da die Anzahl der Angebote insgesamt zwar groß ist, bezogen auf die Region, in der gesucht wird, jedoch in der Regel wesentlich geringer als in den regionalen Tageszeitungen. Außerdem sind viele Angebote von Maklern und damit an eine Provision gekoppelt. Selbst wenn bei Maklerangeboten eine Provisionsfreiheit versprochen wird, ist Vorsicht geboten. Die Internet-Anzeigen werden mitunter schnell gewechselt. Ob auf der Anzeige, die Sie gesehen haben, etwas zur Maklercourtage stand oder nicht ist später nur schwer nachweisbar. Generell problematisch sind die bau- und kauffachlichen Informationen der Internetanzeigenbetreiber. Bedenken Sie, dass diese von Anzeigen und Werbekunden leben, also ganz wesentlich von Maklern, Bauträgern u.ä. Sie werden hier weder neutrale noch gute Fachinformationen finden. Genießen Sie die Angebote auf den Seiten also mit allergrößter Vorsicht.

1.2 Die gebrauchte Immobilie und ihre Anbieter

Gebrauchte Immobilien, also Häuser im Gebäudebestand werden Ihnen in aller Regel entweder von privat oder von gewerbsmäßig tätigen Maklern angeboten. Zusätzlich gibt es aber auch die Möglichkeiten, dass Kommunen, Landeseinrichtungen oder auch Kirchen Immobilien veräußern. Auch die Regierungspräsidien richten immer häufiger Übersichten über verkäufliche aber denkmalgeschützte Immobilien ein.

Abb. 2:
Gebrauchtimmobilie

Auch das Angebot für gebrauchte Immobilien finden Sie in den Immobilienanzeigenseiten Ihrer regionalen Zeitung.

1.3 Zwangsversteigerungen von Immobilien

Durch die steigende Anzahl von Zwangsversteigerungen rückt auch diese Möglichkeit des Immobilienerwerbs zunehmend in das Interesse der Suchenden. Die Hoffnung, auf diesem Wege an ein preisgünstiges Haus zu kommen, ist angesichts der hohen Immobilienpreise verständ-

> 9 K 52/04 TN
> **Zwangsversteigerung**
> Im Wege der Zwangsvollstreckung versteigert das Amtsgericht Freiburg i. Br. am
> **Freitag, den 9. September 2005, 10.00 Uhr**
> im Sitzungssaal I des Amtsgericht Freiburg, Holzmarkt 2, 79098 Freiburg folgenden Grundbesitz:

Abb. 3:
Anzeige Versteigerungstermin

lich. Allerdings sind wirklich günstige Angebote selten, denn meist kommen Immobilien unter den Hammer, die auf anderem Weg nicht zu verkaufen sind, also zum Beispiel verkehrsbelastete Objekte in schlechtem Zustand an Hauptstraßen.

Häufig einzige Informationsquelle ist das Wertgutachten, das von einem Sachverständigen für das Objekt erstellt wird und den Verkehrswert ermittelt, also den Preis, den das Objekt auf dem freien Markt erzielen könnte.

Unabhängig davon sollten Sie versuchen, eine zusätzliche Innenbesichtigung vorzunehmen. Ist das nicht möglich, weil der Besitzer dem nicht zustimmt, sollten Sie sicherheitshalber mit einem kompletten Sanierungsbedarf rechnen. Es ist durchaus möglich, dass der Eigentümer, dessen Immobilie versteigert wird, am Ende noch Wandbeläge oder Türen zerstört, Abflussleitungen verstopft und auch auf sonstige Art und Weise das Gebäude beschädigt.

Beim ersten Versteigerungstermin muss das höchste Gebot mindestens 50 Prozent des Verkehrswerts betragen, sonst muss der Rechtspfleger den Zuschlag versagen. Außerdem kann der Gläubiger (z. B. die Bank) beantragen, den Zuschlag zu versagen, wenn das höchste Gebot weniger als 70 % des Verkehrswerts erreicht. In beiden Fällen wird dann ein neuer Termin angesetzt, bei dem diese Grenzen jedoch dann nicht mehr gelten.

Wer ein Gebot abgeben möchte, benötigt einen Personalausweis oder Reisepass und muss eine Sicherheitsleistung von zehn Prozent des Verkehrswertes hinterlegen, z. B. durch eine Bankbürgschaft. Konnte das Objekt ersteigert werden, ist der Kaufpreis innerhalb weniger Tage fällig. Die Finanzierung sollte deshalb vorab gesichert sein.

Besuchen Sie auf jeden Fall vorab als Zuschauer mehrere Versteigerungstermine, bevor Sie selbst mitsteigern. Informationen zu Versteigerungsterminen hängen im jeweiligen Amtsgericht aus. Auch im Internet gibt es Hinweise zu Zwangsversteigerungsterminen, z. B. unter www.zwangsversteigerung.de. Außerdem veröffentlichen einige Amtsgerichte unter www.zvg.com ihre Versteigerungstermine.

2.0 Die Bedarfsermittlung

Am Anfang der Überlegungen zum Hauskauf steht die Bedarfsermittlung. Zur Bedarfsermittlung gehören die Ermittlung des Finanzierungsbedarfs und die Wohnbedarfsermittlung.

2.1 Finanzierungsbedarf

In der Regel reicht das Eigenkapital nicht aus, um eine Immobilie zu kaufen. Die Differenz zwischen dem Ersparten und dem Kaufpreis muss daher in irgendeiner Form finanziert werden. Wesentliche Eckdaten für eine Finanzierung sind die Höhe des vorhandenen Eigenkapitals und der zur Tilgung eines Darlehens zur Verfügung stehende monatliche Betrag. Vor einer konkreten Objektsuche sollten diese Rahmenbedingungen geklärt sein, damit Sie von vornherein das Augenmerk auf finanzierbare Objekte legen.

Checkliste Eigenkapital	
Girokonto	_____ EUR
Sparbücher	_____ EUR
Festgeldkonten	_____ EUR
Wertpapiere	_____ EUR
Lebensversicherungen	_____ EUR
Bausparverträge (sofern zuteilungsreif)	_____ EUR
Geldgeschenke (z.B. als vorgezogenes Erbe)	_____ EUR
Eigenkapital gesamt	_____ EUR

Abb. 4:
Checkliste Eigenkapital

Wie viel Eigenkapital ist vorhanden?
Je höher das Eigenkapital ist, desto einfacher wird es sein, einen Kredit für die Restsumme zu erhalten. Zum Eigenkapital gehören beispielsweise Ersparnisse auf Sparbüchern oder Festgeldkonten, Wertpapiere, bereits vorhandene Lebensversicherungen, aber auch Geldgeschenke der Eltern (z.B. als vorgezogenes Erbe) oder geplante Eigenleistungen beim Ausbau oder Umbau der Immobilie, die angesetzt werden. Allerdings ist teilweise Vorsicht geboten: Wertpapiere können sich zum Zeitpunkt des erforderlichen Verkaufs in einer Tiefphase befinden, die Auszahlungssumme von Lebensversicherungen kann wesentlich niedriger

ausfallen als prognostiziert, angekündigte Geldgeschenke stehen erst zur Verfügung, wenn sie sich auch tatsächlich auf Ihrem Konto befinden und Eigenleistungen können möglicherweise krankheits- oder unfallbedingt nicht selbst durchgeführt werden. Rechnen Sie daher in diesem Punkt eher vorsichtig. Berücksichtigen Sie auch, wann das Eigenkapital zur Verfügung steht, wann also beispielsweise eine Lebensversicherung ausgezahlt wird.

Wie viel Geld steht monatlich zur Verfügung?
Anhand des monatlich zur Verfügung stehenden Betrags für die Tilgung eines Darlehens können Sie selbst grob ausrechnen, wie viel Geld Sie sich auf dieser Basis in etwa leihen könnten. Hierzu sollten Sie zunächst eine Gegenüberstellung aller monatlichen Einnahmen und Ausgaben machen. Nehmen Sie sich beispielsweise die Kontoauszüge eines kompletten Jahres vor und sehen Sie diese durch, um die durchschnittlichen monatlichen Einnahmen und Ausgaben zu ermitteln, damit auch Einmalabbuchungen wie zum Beispiel die Kfz-Steuer oder Versicherungsbeiträge berücksichtigt sind.

Setzen Sie diesen monatlichen Überschussbetrag jedoch nicht in voller Höhe an, sondern ziehen Sie hiervon einen monatlichen Sicherheitsbetrag von mindestens 200 Euro für Unvorhergesehenes ab. Es ist auch hier sinnvoll, vorsichtig zu rechnen, denn bei einer Kreditlaufzeit von in der Regel etwa 20 bis 30 Jahren kann vieles passieren, das die Einkommenssituation negativ verändert. So sind heutzutage ein Arbeitsplatzverlust oder Arbeitsplatzwechsel auch in scheinbar sicheren Berufssparten nicht selten und die damit verbundenen Einkommenseinbußen können schnell die Tilgung eines Darlehens gefährden. Auch ein Unfall oder eine Krankheit mit einem damit verbundenen Verlust der Erwerbsfähigkeit ist ein enormes Risiko. Und auch die Wahrscheinlichkeit einer Trennung oder Scheidung ist in unserer Gesellschaft mittlerweile so groß, dass man sich auch in diesem Punkt bereits im Vorfeld Gedanken darüber machen sollte, wie in einem solchen Fall mit der gekauften Immobilie verfahren wird. Manche Risiken können mittels Versicherungen reduziert werden (z. B. Risikolebensversicherung bei Todesfall), über andere sollte man sich zumindest im Klaren sein.

Anhand des für die Tilgung eines Darlehens zur Verfügung stehenden Betrags lässt sich nun mit einer einfachen Formel die Größenordnung des theoretisch zu erhaltenden Darlehens überschlägig ermitteln. Hierzu wird der zur Verfügung stehende Betrag (Belastungsgrenze), der aktuelle Zinssatz (z. B. 6,5 Prozent) und eine Tilgungsrate von mindes-

Finanzierungsbedarf 2.1

Checkliste: Monatliche Einnahmen / Ausgaben	
Einnahmen:	
Nettoeinkommen	
Kindergeld	
sonstige Einnahmen 1	
sonstige Einnahmen 2	
Summe monatliche Einnahmen	
Ausgaben: (bei jährlichen Beträgen den monatlichen Anteil ansetzen)	
Nahrungs-, Genussmittel, Körperpflege	
Kleidung	
Anschaffungen, Rücklagen für Hausrat	
Nebenkosten	
Strom	
Telefon	
Müllgebühren	
GEZ, Kabel, Internet	
Kultur / Unterhaltung	
Öffentliche Verkehrsmittel	
Kfz-Wartung	
Kfz-Tanken	
Kfz-Versicherung, Steuer	
Versicherungsbeiträge (Krankenversicherung, Hausrat, Haftpflicht, Rechtschutz, Lebensversicherung, etc.)	
Gebühren für Ausbildung (Schule, Kindergarten)	
Grundsteuer vorhandene Immobilien	
Versicherungsbeiträge vorhandene Immobilien	
Ratenzahlungen aus bestehenden Darlehen	
sonstige Ausgaben 1	
sonstige Ausgaben 2	
Summe monatliche Ausgaben	
Differenz Einnahmen / Ausgaben	

Abb. 5:
Checkliste
Einnahmen / Ausgaben

tens einem Prozent (sonst würden nur Zinsen abbezahlt, ohne dass das Darlehen an sich abbezahlt würde) in folgende Formel eingesetzt:

$$\frac{\text{Belastungsgrenze in EUR} \times 12 \text{ Monate} \times 100}{\text{Zinssatz} + \text{Tilgungssatz}}$$

$$= \text{mögliche Darlehnssumme}$$

Beispiel:

Die Belastungsgrenze (maximal zur Verfügung stehendes Eigenkapital) liegt bei monatlich 800.– Euro. Geht man von einem Zinssatz von 6,5 % bei einem Darlehen mit zehnjähriger Zinsbindung und einer Anfangstilgung von einem Prozent aus, könnte mit dieser monatlichen Summe folgender Betrag finanziert werden:

$$\frac{800 \text{ EUR} \times 12 \text{ Monate} \times 100}{6,5 + 1} = 128.000 \text{ EUR}$$

Welche Finanzierungspartner gibt es?

Als Finanzierungspartner kommen Banken, Bausparkassen und Versicherungen in Frage, darüber hinaus können möglicherweise Förderprogramme in Anspruch genommen werden. In der Regel besteht ein Finanzierung aus einer Kombination mehrerer Finanzierungsbausteine. Zwischenzeitlich gibt es auch Baufinanzierungspartner im Internet. Dies ist deswegen nicht ganz uninteressant, weil diese meist nur als Vermittler zwischen Ihnen und einem Bankhaus fungieren. Da die Anbieter gegenüber den Banken eine bessere Verhandlungsposition haben, können Sie dort günstigere Angebote erwirken, die sie meist an die Kunden weitergeben. Angebotsvergleiche finden Sie beispielsweise unter www.baugeld-vergleich.de.

Die Bank:

Sie vergibt sogenannte Annuitätendarlehen, das sind langfristige Darlehen mit einer gleichbleibenden monatlichen Ratenzahlung aus einem Zinsanteil und einem Tilgungsanteil. Beide Anteile sind variabel. Das heißt, mit der Verminderung der Gesamtdarlehenssumme durch Tilgung des Kredits verringert sich der Zinsanteil und erhöht sich der Tilgungsanteil automatisch. Je höher der Prozentsatz der Anfangstilgung, desto schneller ist das Darlehen abbezahlt. Die Laufzeit liegt in der Regel zwischen 10 und 30 Jahren, sodass das Darlehen nicht immer komplett abbezahlt ist, sondern eine Restschuld verbleibt, für die eine Folgefinanzierung abgeschlossen werden muss. Im Internet können Sie sich unter www.finanztest.de ein Rechenmodul kostenlos herunterladen, mit dem Sie die Raten, die Laufzeit und die verbleibende Restschuld nach Ablauf der Zinsfestschreibung ausrechnen lassen können. Bei zeitgebundenen

Darlehen mit verbleibender Restschuld besteht immer das Risiko, dass ein Folgedarlehen nur zu schlechteren Konditionen abgeschlossen werden kann und sich damit die monatliche Belastung erhöht.

Die Bausparkasse:
Bausparverträge bestehen aus einer Ansparphase und einer Darlehensphase. Nach Ansparung eines Mindestguthabens erwirbt der Bausparer das Recht auf ein zinsgünstiges Darlehen, allerdings kann der Termin für die Zuteilung des Darlehens nicht garantiert werden. Dadurch können Wartezeiten entstehen, durch die möglicherweise Zwischenfinanzierungen erforderlich werden. Der niedrige Zinssatz (meist unter fünf Prozent) und die nachrangige Absicherung im Grundbuch sind Vorzüge des Bauspardarlehens. Durch die schnelle Tilgung sind dagegen die monatlichen Raten hoch.

Die Versicherung:
Eine weitere Variante ist die Kombination eines tilgungsfreien Darlehens und einer Kapitallebensversicherung, die nach Ablauf mit der Auszahlung der Versicherung das Darlehen ablöst. Diese Variante ist jedoch nur für Hauserwerber mit Vermietungsabsicht und hohem Steuersatz interessant. Außerdem besteht das Risiko, dass die Ablaufleistung der Lebensversicherung niedriger ausfällt als geplant und dadurch eine Finanzierungslücke entsteht. Für die Finanzierung des Eigenheims ist diese Variante ungeeignet, da steuerliche Vorteile bei Eigennutzung entfallen.

Die Internetanbieter:
Sie sind meist nur Zwischenhändler, als solche, wie weiter oben erwähnt, aber durchaus interessant, da Sie sozusagen in der Rolle eines Agenten ihrer eigenen Kunden gegenüber den Banken auftreten. Meist erhalten Sie von diesen Internetanbietern ein Angebot aus einer Kreditauswahl von ca. 30 bis 40 Banken.

Welche Förderprogramme gibt es?
Bei den Förderprogrammen kann zwischen personenbezogenen und objektbezogenen Förderungen unterschieden werden. Zu den personenbezogenen Förderungen gehört die Eigenheimzulage, die acht Jahre lang in Anspruch genommen werden kann und derzeit bei jährlich einem Prozent der Anschaffungs- bzw. Herstellungskosten, maximal jedoch 1.250 Euro liegt. Pro Kind erhöht sich die Eigenheimzulage um 800 Euro jährlich. Darüber hinaus gibt es Förderprogramme der Länder, die aus zinsverbilligten Darlehen bestehen. Objektbezogene Förderprogramme werden von der KfW-Förderbank (Adressen siehe

Anhang) für die Modernisierung von Wohnraum, ökologisches Bauen und der Solaranlageninstallation angeboten. Außerdem gewährt der Staat Steuervorteile, wenn ein denkmalgeschütztes Haus saniert wird. Zum Thema Finanzierung und Förderprogramme lohnt sich auf jeden Fall eine ausführliche und individuelle Beratung, beispielsweise bei den Verbraucherzentralen.

Wie rechnet der Kreditgeber?

Das Risiko eines Kreditgebers (z. B. einer Bank) besteht darin, dass der Kreditnehmer laufende Raten nicht mehr bezahlen kann und die Immobilie schließlich verkauft oder zwangsversteigert werden muss. Ist der Erlös aus dem Verkauf oder der Zwangsversteigerung dann geringer als der zur Verfügung gestellte Kredit, macht der Kreditgeber einen Verlust. Der von Banken beispielsweise zur Verfügung gestellte Kredit wird daher in der Regel nie höher sein als der zu erwartende Verkaufserlös im schlechtesten Fall. Banken gehen deshalb in der Regel folgendermaßen vor:

Die Bank ermittelt den sogenannten Beleihungswert der Immobilie. Dieser wird dadurch ermittelt, dass zunächst geprüft wird, ob der Kaufpreis nach Lage und Zustand des Objekts sowie der Ausstattung angemessen ist. Ist dies der Fall, erfolgt noch ein Sicherheitsabschlag bis zu 25 Prozent des Kaufpreises. Der Beleihungswert beträgt daher in der Regel nur bis zu 75 Prozent des Kaufpreises.

Eine weitere Sicherung der Bank ist die Beleihungsgrenze auf den Beleihungswert. Das heißt, maximal etwa 80 Prozent des Beleihungswertes können finanziert werden. In Zahlen: Beträgt der Beleihungswert 75 Prozent des Kaufpreises und liegt die Beleihungsgrenze bei 80 %, dann finanziert die Bank nur 60 Prozent des Kaufpreises und Sie benötigen Eigenkapital in Höhe von 40 Prozent.

Die Finanzierungsberatung

Um die Gespräche mit potentiellen Finanzierungsgebern effektiv zu gestalten, können Sie im Vorfeld einiges tun. Stellen Sie zunächst die Höhe Ihres Eigenkapitals zusammen und wann es verfügbar ist. Ermitteln Sie den monatlich zur Verfügung stehenden Betrag für eine Finanzierung. Überlegen Sie, ob in der Zukunft größere Summen zur Verfügung stehen, mit denen Sie Sondertilgungen leisten können. Bestimmen Sie für sich, wann Sie schuldenfrei sein möchten. Soweit eine Immobilie schon in Aussicht steht, sollten der Kaufpreis und eine Größenordnung der eventuellen Modernisierungskosten bekannt sein, damit auf dieser Basis eine erste Kalkulation erfolgen kann.

Wenn Sie Finanzierungsangebote anfordern, sollten Sie einige Eckdaten vorgeben, damit Sie nachher vergleichen können. Hierzu gehören die Höhe des gewünschten Kredits, die monatliche Rate, die Sie zu zahlen bereit sind und die Dauer der gewünschten Zinsbindung. Außerdem die Möglichkeit von Sondertilgungen, falls gewünscht. Ferner sollten die Angebote der Landeskreditbanken und der KfW-Förderbank berücksichtigt werden.

Da die Zinsbindung für das Darlehen in der Regel nicht bis zur völligen Rückzahlung vereinbart wird, spielt für Sie die Höhe der Restschuldsumme eine entscheidende Rolle. Der Vergleich der Restschuldsumme einzelner Angebote nach Ende der Zinsbindung hilft Ihnen ebenfalls, das günstigste Angebot herauszufinden. Dazu sollten die Berechnungsgrundlagen gleich sein, also zum Beispiel hinsichtlich der Einbindung der Eigenheimzulage in die Finanzierung oder der Möglichkeit von Sondertilgungen.

Weitere Informationen im Internet
Die Verbraucherzentralen und die Stiftung Warentest haben im Internet umfangreiche Informationen zur Finanzierung bereitgestellt. Unter www.finanztest.de oder unter www.baufoerderer.de finden Sie weitere Informationen.

Fazit
Die Immobilienfinanzierung ist ein kompliziertes Rechenspiel mit vielen Variablen. Für den Laien ist es schwer, das günstigste Angebot herauszufinden. Wichtig ist auf jeden Fall, sich mehrere Angebote ausarbeiten zu lassen und diese in Ruhe zu prüfen. Wenn allerdings mehrere Finanzierungsberatungen zeigen, dass die monatlichen Raten zu hoch sind, sollten Sie entweder nach einem preiswerteren Objekt Ausschau halten, oder den Kauf zurückstellen und zunächst mehr Eigenkapital ansparen. Wenn der Preis von Eigentum darin besteht, dass über Jahre kein Urlaub mehr möglich ist und jeder Cent zweimal umgedreht werden muss, ist nicht nur der Preis zu hoch, sondern vor allem auch das Risiko, dass schon der kleinste Erwerbsausfall zu einem Scheitern der Finanzierung bis hin zum Verlust des Hauses führt.

2.2 Wohnbedarf

Zur Ermittlung des Wohnbedarfs ist es sinnvoll, sich die gegenwärtige Wohnsituation, in der man lebt, genauer anzusehen. Sowohl Defizite wie auch positive Eigenschaften sollten schriftlich fixiert werden, um einmal einen Überblick zu erhalten, welche Änderungen überhaupt anstrebenswert sind. Die nachfolgende Checkliste kann Ihnen helfen, hierbei strukturiert vorzugehen.

- Ist die gegenwärtige Wohnlage innerhalb der Stadt bzw. Gemeinde optimal? Wenn ja, warum, wenn nein, warum nicht?
- Ist die Wohnungsgröße ausreichend? Gibt es also eine ausreichende Anzahl von Zimmern und haben diese Zimmer eine ausreichende Größe (auch an Bad und Küche denken)?
- Gibt es neben dem Bad auch eine separate Gästetoilette?
- Ist die Zuordnung der Zimmer zueinander (also etwa Küche zu Wohnzimmer und Schlafzimmer zu Bad) sinnvoll?
- Ist die Lage der Zimmer gut? Erhält also jedes Zimmer ausreichend Tageslicht? Sind die Aussichten aus den Fenstern ansprechend?
- Ist die Haustechnik in gutem Zustand, d.h. sind eine funktionierende Heizungsanlage und Warmwasserbereitung vorhanden? Sind die Rohre für Zu- und Abwasser frei von Zusetzungen oder gab es schon Verstopfungen? Ist die Elektroversorgung ausreichend?
- Sind die Fenster und Rollläden leichtgängig und gut schließbar?
- Ist die Wohnung ausreichend gedämmt oder gibt es kalte Wände oder Fußböden?
- Gibt es einen Balkon und ist dieser ausreichend groß?
- Ist die Eingangstür gut sicherbar?
- Ist ausreichend Stellplatz in der Wohnung vorhanden?
- Gibt es einen Keller und ist dieser ausreichend groß?
- Gibt es einen Waschkeller?
- Gibt es einen Trockenboden?
- Gibt es einen Fahrradkeller?

Wenn Sie eine solche Checkliste einmal schriftlich beantwortet haben, werden Sie feststellen, dass Sie daraus schnell eine Wunschliste erstellen können. Alle Punkte, die Sie in Ihrer gegenwärtigen Wohnsituation als defizitär empfinden, sollten bei der Suche nach eigenem Wohnraum in einem Haus Berücksichtigung finden. Stellen Sie also beispielsweise fest, dass Sie schon gegenwärtig keinen Keller haben, dieser Ihnen aber fehlt, sollten Sie darüber nachdenken, ob Sie ein Haus ohne Keller überhaupt kaufen möchten. Vielleicht ist auch die gegenwärtige Wohnlage der Wohnung nicht optimal, dann sollten Sie natürlich ein Haus in ähnlicher Wohnlage eher nicht in Erwägung ziehen. Auf die positiven Aspekte Ihrer jetzigen Wohnsituation werden Sie wahrscheinlich ebenfalls nicht verzichten wollen. Die Checkliste auf Seite 23 kann Ihnen bei der Ermittlung des Raumbedarfs behilflich sein.

Unabhängig von den in der Checkliste aufgezeigten Punkten müssen Sie bei der Suche nach einem Haus aber auch mögliche Veränderungen Ihre Lebensumstände in der Zukunft beachten, die sehr schnell Auswirklungen auf die Wohnsituation haben können. Hierzu gehören vor allem gesundheitliche Beeinträchtigungen, wie sie z.B. durch einen Schlaganfall oder Herzinfarkt schnell eintreten können. Gerade in solchen Situationen will man ja unbedingt in seinem bisherigen Lebensumfeld bleiben, daher sollte dieses auf solche unangenehmen Überraschungen vorbereitet sein. Die Treppen sollten also möglichst einfach begehbar sein, an den begrenzenden Wänden oder auf der Treppe selbst sollte ein Treppenlifter anzubringen sein. Türbreiten sollten breit genug sein oder möglichst problemlos so erweitert werden können, dass ein Rollstuhl hindurch passt. Aber auch wirtschaftliche und soziale Beeinträchtigungen gehören dazu. So kann der Verlust des Arbeitsplatzes die Finanzierung des Hauses gefährden und es kann hilfreich sein, wenn man dann eine Einliegerwohnung vermieten kann.

Die wichtigsten Punkte für die Beurteilung der Zukunftsfähigkeit eines Gebäudes sind:

In gesundheitlicher Hinsicht:

- Ist die Immobilie auch unter Einschränkung des Bewegungsapparates gut nutzbar?

- Sind Schlafzimmer und Bad groß genug, um auch eine häusliche Pflege zu ermöglichen, wäre also ein Umbau denkbar, damit Bett und Badewanne von mindestens zwei Seiten zu erreichen sind?

- Ist der Einbau einer bodengleichen Dusche mit Sitzplatz anstelle oder zusätzlich zur Badewanne möglich?

In sozialer Hinsicht:

- Könnte die Immobilie im Falle einer Trennung oder Scheidung auch durch einen Partner alleine unterhalten bzw. finanziert werden, beispielsweise auch durch zusätzliche Einnahmen aus der Vermietung eines Geschosses oder einer Einliegerwohnung (dies bedingt ein separates Treppenhaus, das in alle Wohngeschosse führt)?

- Bietet die Immobilie die Möglichkeiten, nahe Angehörige mit aufzunehmen?

In wirtschaftlicher Hinsicht:

– Ist die Finanzierung der Immobilie im Falle eines Arbeitsplatzverlustes weiter finanzierbar (Voraussetzungen siehe oben)?

Diese Aspekte werden leider häufig relativ leichtfertig übergangen. Da aber die statistische Wahrscheinlichkeit des Eintritts eines Arbeitsplatzverlustes, einer Scheidung oder auch eines Herzinfarkts oder Schlaganfalls leider nicht so gering ist, dass man sie definitiv ausschließen könnte, ist es sinnvoll, diese Aspekte bei der Ermittlung des Wohnbedarfs zu berücksichtigen.

Es ist leider eher unwahrscheinlich, eine Immobilie zu finden, die allen Wünschen gerecht wird. Daher kann es sinnvoll sein, eine Prioritätenliste Ihrer Wünsche zu erstellen. Welche Punkte sind unverzichtbar? Welche Punkte sind wichtig? Welche Punkte sind wünschenswert?

Unverzichtbar kann bedeuten, dass eine Immobilie nicht in Frage kommt, wenn auch nur einer dieser Punkte nicht zu 100 Prozent erfüllt ist. Beispiel: Wenn ein Keller unverzichtbar ist, dann wäre auch ein Kellerersatzraum im Garten nicht ausreichend.

Wichtig kann bedeuten, dass eine Immobilie nicht in Frage kommt, wenn diese Punkte nicht in einem gewissen Maß erfüllt sind. Beispiel: Wenn ein Garten wichtig ist, dann genügt vielleicht auch ein kleiner Garten.

Wünschenswert kann bedeuten, dass eine Immobilie auch beim Fehlen einzelner Punkte in Frage kommen kann. Beispiel: Wenn ein Gästebad wünschenswert ist, ist das Fehlen dieses Bades kein Hindernis für den Kauf.

Eine solche Prioritätenliste kann beispielsweise erstellt werden, indem alle Wünsche auf Karteikärtchen geschrieben werden und von den Familienmitgliedern gemeinsam sortiert oder mit Punkten bewertet werden. Eine solche Liste macht die Voruntersuchungen von Angeboten effektiv und vermeidet unnötige Besichtigungen.

Checkliste für die Bedarfsermittlung			
Raum:	Größe (z.B. 12m²)	Lage (z.B. Keller)	Orientierung (z.B. Nord)
Vorratsraum			
Hobbyraum			
Werkkeller			
Fahrradkeller			
Heizungszentrale			
Archiv			
Sauna			
Windfang			
Diele / Garderobe / Abstellraum			
Gäste WC			
Küche			
Hauswirtschaft			
Esszimmer			
Wohnzimmer			
Arbeitszimmer			
Gästezimmer			
Elternbad			
Kinderbad			
WC			
Duschbad			
Schlafzimmer			
Ankleide			
Kinderzimmer 1			
Kinderzimmer 2			
Kinderzimmer 3			
Kinderzimmer 4			
Spielzimmer			
Studio / Lesen			
Terasse			
Balkon / Loggia			
Gesamtfläche			

Abb. 6:
Checkliste Raumbedarf

3.0 Die Angebotsprüfung einer neuen Immobilie vom Bauträger

Die Überprüfung eines Neubau-Immobilienangebots vom Bauträger ist nicht so einfach, wie man zunächst annehmen mag. Wichtig hierfür ist, das Berufsbild und die Arbeitsweise eines Bauträgers gut zu kennen, sowie die Makler- und Bauträgerverordnung als Grundlage von Verträgen mit Bauträgern. Wichtig ist auch eine Kenntnis der Möglichkeiten zur Qualitätsbeurteilung von Baubeschreibungen und des Kaufvertrags und schließlich Möglichkeiten zur Überprüfung des Anbieters selbst.

3.1 Berufsbild und Arbeitsweise eines Bauträgers

Als Bauträger kann in Deutschland generell jede Person auftreten, die eine Gewerbeanmeldung hat und ein polizeiliches Führungszeugnis ohne Einträge vorweisen kann. Eine Ausbildung in juristischer, kaufmännischer oder auch technischer Sicht ist nicht notwendig. Dieser Sachverhalt ist für Sie als Verbraucher wichtig, denn er bedeutet, dass praktisch jede Person ein Bauträgerunternehmen führen kann. Sie werden daher auch häufig »Verkäuferpersönlichkeiten« finden und keine exzellent ausgebildeten Fachleute aus dem Baubereich.

Bauträger verdienen Ihr Geld dadurch, dass Sie von Kommunen oder Privatleuten baulandreife Flächen aufkaufen, diese anschließend beispielsweise parzellieren und so umfassend wie gerade noch möglich beplanen. Mit dieser Planung treten Bauträger dann häufig über Anzeigen in die Öffentlichkeit und bieten die Objekte zum Kauf an. Häufig auch in der Form, dass sich die Bauträger zunächst nur ein Vorkaufsrecht an den baulandreifen Flächen einräumen lassen und mit dem Kauf des Grund und Bodens warten, bis sie die Käufer der einzelnen Parzellen gefunden haben. Dadurch sinkt das Finanzierungsrisiko des Bauträgers gegen Null. Verkauft er seine Planungen dann auch noch, bevor er mit dem Bau überhaupt begonnen hat, schaltet er letztlich jedes Risiko für sich aus.

Die Gewinnmarge von Bauträgern ist in der Regel sehr hoch, da sie einerseits ihr eigenes finanzielles Risiko immer weiter absenken und andererseits häufig auch sehr einfache Bauweisen zu sehr hohen Preisen veräußern.

Im Gegensatz beispielsweise zum Fertighausanbieter ist der große Vorteil für Bauträger, dass sie das Grundstück, also gegebenenfalls eine exzellente Lage, bei ihrem Angebot mit in die Waagschale werfen und damit viele Interessenten ansprechen, die sich untereinander in Konkurrenz befinden. Fertighausanbieter hingegen bauen auf dem Grundstück des Kunden. Der Kunde wählt also frei das dort zu erstellende

Objekt aus einem großen Angebot konkurrierender Unternehmen aus. Dadurch entsteht auf diesem Markt ein viel größerer Preisdruck als auf dem Bauträgermarkt.

3.2 Die Makler- und Bauträgerverordnung (MaBV)

Bauträger sind in Deutschland gesetzlich verpflichtet, ihre Geschäftsabwicklung mit Kunden gemäß der Makler- und Bauträgerverordnung (MaBV) zu gestalten. Die MaBV ist 1975 eingeführt worden und regelt gewisse Mindeststandards im Geschäftsverkehr zwischen Bauträger und Kunde. Sie ist keinesfalls – wie viele Bauträger behaupten – eine optimale Verbraucherschutzsicherung.

Die Makler- und Bauträgerverordnung gliedert sich in insgesamt 22 Paragraphen, von denen der Paragraph 3 »Besondere Sicherungspflichten für Bauträger« für Sie sicherlich der wichtigste ist. Daher werden im Folgenden vor allem die Regelungen dieses Paragraphen dargestellt. Die komplette MaBV erhalten Sie in vielen Ausgaben als Taschenbuch. Es gibt mittlerweile auch bezahlbare kommentierte Ausgaben der MaBV. »Kommentiert« heißt, dass der Autor, meist Jurist oder Juristin, den Gesetzestext erläutert und die aktuelle Rechtsprechung zur Auslegung des Gesetzestextes darlegt.

§ 3 MaBV »Besondere Sicherungspflichten für Bauträger«

Durch § 3 der MaBV werden bestimmte Absicherungen des Käufers gegenüber dem Verkäufer eines Bauträgerobjekts geregelt. Dies sind im Besonderen folgende Sicherungen:

- Der Kaufvertrag muss rechtswirksam sein und alle für seinen Vollzug erforderlichen Genehmigungen müssen vorliegen.
- Die Eintragung einer Auflassungsvormerkung im Grundbuch muss erfolgt sein.
- Die Freistellung des Kaufobjekts von allen Grundpfandrechten, die der Auflassungsvormerkung im Range vorgehen, muss erfolgt sein.
- Eine Baugenehmigung muss vorliegen oder vom Bauträger nachgewiesen worden sein, dass diese als erteilt gilt.

Ferner darf der Verkäufer nicht auf einen Schlag den gesamten Kaufpreis verlangen, sondern diesen nur gemäß dem Baufortschritt in bis zu sieben Teilraten vom Käufer verlangen. Ausnahme: das Objekt ist bereits fertiggestellt.

3.0 Die Angebotsprüfung einer neuen Immobilie

Aufteilung der Prozentanteile der einzelnen Raten nach MaBV	
nach Beginn der Erdarbeiten, wenn ein Grundstück mit übertragen werden soll:	30%
oder	
nach Beginn der Erdarbeiten, wenn ein Erbbaurecht bestellt oder mit übertragen werden soll:	20%
Die restliche Summe wird dann als 100% angesetzt und teilt sich in folgende Anteile auf:	
– nach Rohbaufertigstellung einschl. Zimmererarbeiten	40%
– nach Herstellung der Dachflächen und Dachrinnen	8%
– nach Rohinstallation der Heizungsanlage	3%
– nach Rohinstallation der Sanitäranlage	3%
– nach Rohinstallation der Elektroanlage	3%
– nach Fenstereinbau einschl. Verglasung	10%
– nach Innenputz außer Beiputzarbeiten	6%
– nach Estrichverlegung	3%
– nach Fliesenarbeiten im Sanitärbereich	4%
– nach Bezugsfertigkeit gegen Besitzübergabe	12%
– nach Fertigstellung der Fassadenarbeiten	3%
– nach vollständiger Fertigstellung	5%
Gesamt restliche Anteile	100%

Abb. 7:
Klassische Ratenzahlungen

Viele Bauträger stellen gerade diese Regelungen der MaBV als großes Verbraucherschutzinstrument dar. Sie sind es leider nicht. Die MaBV ist mit großen Regelungslücken behaftet und sie ist äußerst unexakt. Dies führt dazu, dass sie von vielen Bauträgern bis an den Rand des Zulässigen ausgenutzt wird. So liegt bei weitem nicht in allen zum Verkauf stehenden Bauträgerobjekten ein genehmigtes Baugesuch vor, sondern hier wird ausgenutzt, dass die MaBV auch die Zusicherung des Bauträgers, dass diese als erteilt gilt, ausreicht. Bei den Abschlagszahlungen wiederum ist durch die MaBV in keiner Weise exakt geklärt, welcher Leistungsstand im Detail erreicht sein muss, wenn die Zahlung einer Rate erfolgen soll. Auch zu mangelhaften Ausführungen und deren Zahlungen beispielsweise trifft die MaBV keinerlei Regelungen. Und schließlich schreibt die MaBV auch keinerlei Kundenabsicherung für den Fall vor, dass ein Bauträger während der Ausführung eines Bauvorhabens in die Insolvenz gerät. Dies wäre zum Beispiel dadurch machbar, dass ein Bauträger gegenüber dem Käufer entweder eine Fertigstellungsbürgschaft für den Fall seiner Insolvenz stellen müsste oder aber, dass er eine Baufertigstellungsversicherung abschließen müsste, mit der der Käufer im Falle der Insolvenz des Bauträgers das Haus fertig stellen könnte. Die MaBV ist leider auch bei den Dingen, die sie regelt, sehr unexakt und darüber hinaus leider auch unnötig kompliziert. Vielen

Bauträgerkunden wird diese unnötige Kompliziertheit im Zusammenhang mit den Ratenzahlungen klar.

Die MaBV setzt hier zunächst das gesamte Kaufobjekt zu 100 %. Wird Eigentum an dem Grundstück mit übertragen, werden für die erste Rate, die Erdarbeiten, 30 % abgezogen. Wird ein Erbbaurecht übertragen, beträgt die erste Rate 20 %. Die verbleibenden 70 % bzw. 80 % werden dann erneut als 100 % angesetzt, um daraus dann die noch folgenden Ratenhöhen festzulegen. Dies wäre verordnungstechnisch natürlich auch viel einfacher zu gestalten gewesen, indem man generell immer die Gesamtkaufsumme des Objekts zu 100 % ansetzt und dann alle Folgeraten daran ausrichtet. Und genau dies wird in der Praxis auch immer öfter gemacht, daher finden Sie in vielen Bauträgerverträgen auch andere Prozentsätze, als sie in der MaBV vorgegeben sind. Viele Bauträger sind in der Praxis der Einfachheit halber dazu übergegangen, nicht zunächst die Gesamtkaufsumme als 100 % anzusetzen und nach der ersten Ratenzahlung von 30 % die verbleibenden 70 % nochmals als 100 % zu werten, sondern grundsätzlich nur die Gesamtkaufsumme als 100 % anzusetzen und daran orientiert die Folgeraten mit ihren Prozentzahlen auszurichten. Dies stellt sich dann wie folgt dar:

Alternative Aufteilung der Prozentanteile der einzelnen Raten	
– nach Beginn der Erdarbeiten, wenn ein Grundstück mit übertragen werden soll	30 %
– nach Rohbaufertigstellung einschl. Zimmererarbeiten	28 %
– nach Herstellung der Dachflächen und Dachrinnen	5,6 %
– nach Rohinstallation der Heizungsanlage	2,1 %
– nach Rohinstallation der Sanitäranlage	2,1 %
– nach Rohinstallation der Elektroanlage	2,1 %
– nach Fenstereinbau einschl. Verglasung	7 %
– nach Innenputz außer Beiputzarbeiten	4,2 %
– nach Estrichverlegung	2,1 %
– nach Fliesenarbeiten im Sanitärbereich	2,8 %
– nach Bezugsfertigkeit gegen Besitzübergabe	8,4 %
– nach Fertigstellung der Fassadenarbeiten	2,1 %
– nach vollständiger Fertigstellung	3,5 %
Gesamt restliche Anteile	100 %

Abb. 8:
100 %-Raten MaBV

Egal auf welche Weise die Raten errechnet werden, das Problem der sehr unexakten Definition dieser Raten bleibt bestehen. Denn was heißt »Herstellung der Dachflächen und Rinnen« oder »Rohinstallation der Heizungsanlage«? Ist bei den Dachflächen auch die Dämmung und dachunterseitige Verkleidung dabei? Ist die Montage von Dachfenstern dabei oder auch die Herstellung eines Dachbalkons? Bei der Rohinstallation der Heizung stellen sich die gleichen Fragen. Heißt Rohinstallation, dass auch ein Gashausanschluss gelegt ist? Dass alle Rohrleitungen in alle Räume gelegt sind und im Grunde nur noch die Heizkörper montiert werden müssen?

Sie sehen an diesen Fragen, wie wichtig eine genaue Definition dieser Raten ist, damit Sie auch im Detail wissen, was Sie mit welcher Rate bezahlen.
Eine exakte Ratendefinition könnte beispielsweise wie folgt aussehen:

1. Rate: Nach Beginn der Erdarbeiten:

Fälligkeitsvoraussetzung dieser Rate:

Der gesamte Aushub der Baugrube und die Verbringung des Erdmaterials auf die Deponie sind vollständig abgeschlossen.

2. Rate: Nach Rohbaufertigstellung einschließlich Zimmererarbeiten:

Fälligkeitsvoraussetzung dieser Rate:

Die behördliche Rohbauabnahme inkl. der Umsetzung eventueller Auflagen der Behörden ist erfolgt. Es müssen also alle tragenden Wände, der Kamin, Brandwände, Betontreppen und die Dachkonstruktion errichtet worden sein.

3. Rate: Nach Rohinstallation von Heizung, Sanitär und Elektrik:

Fälligkeitsvoraussetzung dieser Rate:

Die Dacheindeckung, die Klempnerarbeiten (Dachrinnen, Regenfallrohre, Blecharbeiten an der Dachfläche und den Ortgängen usw.) sowie die Rohinstallation von Heizung, Sanitär und Elektrik sind vollständig abgeschlossen. Unter Rohinstallation ist zu verstehen, dass alle Leitungen, die unter Putz verlegt werden, fertig installiert wurden. Die Verlegung einer Fußbodenheizung sollte nach den Putzarbeiten kurz vor der Estrichverlegung erfolgen, um die Rohre zu schützen, obwohl diese Leistung eigentlich zur Rohinstallation gehört.

4. Rate: Nach Innenputz außer Beiputzarbeiten:

Fälligkeitsvoraussetzung dieser Rate:

Der Fenstereinbau einschließlich der Verglasung sowie sämtliche Innenputzarbeiten außer Beiputzarbeiten sind vollständig abgeschlossen.

5. Rate: Nach Fliesenarbeiten:

Fälligkeitsvoraussetzung dieser Rate:

Der Estricheinbau im gesamten Haus und sämtliche Fliesenarbeiten im gesamten Haus sind vollständig abgeschlossen.

Abb. 9:
Exakte Ratendefinition

> **6. Rate: Nach Bezugsfertigkeit gegen Besitzübergabe:**
>
> Fälligkeitsvoraussetzung dieser Rate:
>
> Die Fertigstellung der Elektroarbeiten einschließlich der Inbetriebnahme und die Fertigstellung der Heizungs- und Sanitärarbeiten einschließlich Inbetriebnahme ist komplett erfolgt. Ferner der Einbau aller Innentüren, sämtlicher Bodenbeläge, der Haustüre, ggf. der Kelleraußentür, die Montage der Fensterbänke, Schlosserarbeiten für Geländer, Brüstungen, sowie alle Maler- und Tapezierarbeiten bis auf kleinere Nachbesserungen. Auch der Hauszugang im Außenbereich von der Straße bis zur Haustür ist vollständig fertiggestellt.
>
> **7. Rate: Nach vollständiger Fertigstellung:**
>
> Fälligkeitsvoraussetzung dieser Rate:
>
> Alle vereinbarten Leistungen inklusive eventuell vereinbarter Außenanlagen oder der Garage, sowie der Beseitigung aller bei der Abnahme festgestellten Mängel sind vollständig abgeschlossen.

3.3 Angebote von Bauträgern

Bauträger werden Ihnen ihre Angebote in aller Regel in Form eines Verkaufsexposés zusenden, wenn Sie um die Zusendung von Informationsmaterial bitten. Sie werden schnell feststellen, dass diese Exposés immer ähnlich aufgebaut sind. Meist auf Hartkarton gezogene bunte, grafische Darstellungen der noch zu bauenden Häuser, häufig Fassadenansichten mit grüner Vegetation davor und blauem Himmel dahinter. Meist sind auch die Grundrisse, mindestens des Erdgeschosses und des Obergeschosses abgebildet, aber fast nie mit Maßen versehen, anhand derer die Raumgrößen deutlich werden.

Das Problem dieser Angebotsdarstellungen ist, dass sie die wesentlichen Dinge meist nicht erfahren, also welche Bauausführung sie konkret für Ihr Geld erhalten: Von der Art der Kellerkonstruktion über den eingebauten Heizungstyp bis zur Wärmedämmung, der Fensterqualität oder auch der Schalldämmung. Sie können diese Verkaufsexposés durchaus mit den Verkaufsprospekten der Autohersteller vergleichen. Auch dort sind die Fahrzeuge ja meist in gefälligem Umfeld ansprechend abgebildet. So wie Sie für eine Entscheidung beim Autokauf jedoch sehr viel mehr Informationen über das Fahrzeug benötigen, also zum Beispiel ob ein Rußpartikelfilter eingebaut ist, welches Getriebe und welche Motorisierung möglich ist und welche Extras wie viel kosten, benötigen Sie für die Überprüfung von Bauträgerangeboten wichtige Informationen zu Gebäude und Grundstück, zumal die Kaufentscheidung für ein Haus eine viel folgenreichere ist als für ein Auto, weil die Gesamtsumme, um die es geht, viel höher ist.

Für die Überprüfung von Bauträgerangeboten von Bauträgern benötigen Sie mindestens folgende Unterlagen:

- exakte Angabe zur Grundstücksgröße
- exakte Angabe zur Wohnfläche (siehe auch Kapitel 3.5)
- exakte Pläne mit Maßen
- exakte Angabe zu den Konstruktionsweisen und Baustoffen (siehe Kapitel 3.4)
- exakte Angabe zu den technischen Ausstattungen (siehe Kapitel 3.4)
- exakte Angaben zur energetischen Qualität (siehe Kapitel 4.4)
- exakte Angaben zum Schallschutz (siehe Kapitel 3.4)
- exakte Angabe zum Preis (siehe auch Kapitel 5.0)
- exakte Angaben zu Baubeginn und Fertigstellung.

Diese vielen Einzelinformationen, die Sie zur näheren Auswahl von Bauträgerangeboten benötigen, finden Sie hauptsächlich in zwei Dokumenten: Im Kaufvertrag und in der Baubeschreibung. Um ein Bauträgerangebot gut überprüfen zu können, benötigen Sie also mindestens diese beiden Dokumente. Ferner eine vermaßte Planung des angebotenen Hauses (z. B. das Baugesuch) und eine Wohnflächenberechnung mit Rechenwegen. Erst dann können Sie eine angemessene Überprüfung vornehmen. Näheres zum Kaufvertrag erfahren Sie in Kapitel 5. Wichtige Informationen zur Baubeschreibung erfahren Sie nachfolgend.

3.4 Überprüfung der Baubeschreibung

Die Baubeschreibung eines Bauträgerobjektes ist ein sehr wichtiges Dokument, weil Sie im Falle des Objektkaufs meist Vertragsbestandteil ist und nur sie festlegt, welche Leistung Sie exakt für Ihr Geld erhalten. Sie finden in Baubeschreibungen häufig Formulierungen wie »Badausstattung in italienischem Design« oder »Badausstattung mit hochwertigen Fliesen« oder auch »Ausführung nach DIN«. Solche Formulierungen sind leider reine Worthülsen und Sprachfloskeln. Was italienisches Design ist, bestimmt im Zweifel dann Ihr Bauträger. Auch eine Ausführung nach DIN ist nicht mehr als ein ohnehin vorgeschriebener Mindeststandard. Um einen Rechtsanspruch auf eine bestimmte Ausführungsart und bestimmte Materialien oder Produkte zu erhalten, benötigen Sie konkrete Angaben mit technisch unzweifelhaften Angaben: Also Name und Hersteller von Baustoffen, Bauelementen, Ausbauten und technischen Geräten, sowie Seriennummern und exakte Farbangaben.

Damit Sie einmal ein Gefühl für den Umgang mit Baubeschreibungen bekommen, finden Sie nachfolgend ein Beispiel dafür, wie sich eine durchschnittliche Baubeschreibung in Deutschland lesen würde, wenn sie nicht für ein Haus, sondern für ein Auto geschrieben wäre. Auch wenn Sie schmunzeln müssen, sollte Ihnen das nicht den Blick dafür verstellen, dass das Beispiel keinesfalls überzogen ist, sondern leider der Realität entspricht.

»Sie erwerben ein Fahrzeug mit moderner Karosserie und Türen zum Einsteigen sowie Schiebedach zum öffnen. Im Fahrzeuginnern befinden sich angenehme Sitze und ein schönes Armaturenbrett. Farbe, Form und Ausstattung nach Wahl des Fahrzeugherstellers. Das Fahrzeug wird mit einem Fahrgestell, einem Motor und einem Getriebe geliefert. Das Fahrgestell hat vier sportliche Räder, der Motor mehrere Zylinder und das Getriebe einige Vorwärtsgänge sowie einen Rückwärtsgang zum Rückwärtsfahren. Die technische Ausstattung des Fahrzeugs entspricht gültigen Normen. Das Fahrzeug ist von so hoher Qualität, dass es sogar vom TÜV für den Straßenverkehr zugelassen wurde. Ausstattungsänderungen durch den Hersteller sind jederzeit möglich und berechtigen nicht zur Minderung des Kaufpreises. Dieser beträgt 35.000.- Euro. Das Fahrzeug wird in Raten bezahlt, nach Fortschritt der Fahrzeugfabrikation. Wann welcher Fabrikationsstand erreicht ist, bestimmt der Hersteller und teilt es Ihnen mit. Das Betreten der Fabrikationsanlage ist nur mit vorheriger schriftlicher Genehmigung und unter Aufsicht gestattet.
Der Übergabetermin des Fahrzeugs wird Ihnen zehn Tage im Voraus mitgeteilt. Sollten Sie zur Übergabe verhindert sein, gilt das Fahrzeug als wunschgemäß abgenommen.«

Wie, im Gegensatz hierzu, eine gute Baubeschreibung aussieht, finden Sie nachfolgend am Beispiel einer umfassenden Musterbaubeschreibung, die ein Gebäude, das errichtet werden soll, detailliert und gut beschreibt.

3.0 Die Angebotsprüfung einer neuen Immobilie

Angaben zum Gebäude

Die vorliegende Baubeschreibung ist die Grundlage für den Bau einer Doppelhaushälfte in Musterhausen, Gemarkung Musterheim, Flur 10, Flurstück 3011. Die Bebaubarkeit des Grundstücks ist gesichert, ein genehmigter Bauantrag liegt vor und ist Bestandteil des Kaufvertrags. Eine Baugrunduntersuchung wurde durchgeführt und ist ebenfalls Bestandteil des Kaufvertrags. Die Tragfähigkeit des Baugrunds ist gewährleistet (Bodenklasse 3). Das Grundstück ist nicht mit Schadstoffen belastet. Der Grundwasserspiegel liegt zirka drei Meter unter dem durchschnittlichen Geländeniveau.

Die Errichtung des Gebäudes erfolgt in Massivbauweise. Das Gebäude ist voll unterkellert. Die Ausführung erfolgt mit allen nachfolgend beschriebenen Leistungen. Eigenleistungen sind beim Gewerk Malerarbeiten möglich (siehe Malerarbeiten).

Die Gebäudeabmessungen, Raumhöhen und die Zusammenstellung der Wohnflächen sind aus den Bauantragsplänen ersichtlich, die Bestandteil des Kaufvertrags sind. Die Wohnflächenberechnung inkl. des Rechenwegs nach der Wohnflächenverordnung (WoFlV) ist ebenfalls Bestandteil des Kaufvertrags.

Die Errichtung des Gebäudes erfolgt nach den Vorgaben der Energieeinsparverordnung EnEV. Ein Energiebedarfsausweis wird dem Erwerber vor Vertragsabschluss übergeben. Die Dämmung der Gebäudehülle im Kellergeschoss erfolgt an den Außenwänden und unterhalb der Bodenplatte, da Teile des Kellers zu Wohnzwecken genutzt werden und als Wohnfläche ausgewiesen sind.

Der Bebauungsplan weist hinsichtlich des Schallschutzes gegen Außenlärm keine besonderen Vorgaben aus. Die Mindestvorgaben nach DIN sind eingehalten. Für den Schallschutz innerhalb des Gebäudes finden die Empfehlungen für erhöhten Schallschutz des Beiblattes 2 zur DIN 4109 vom November 1989 Anwendung.

Die baurechtlichen Mindestanforderungen an den Brandschutz sind eingehalten.

Es wird ein Blower-Door-Test durchgeführt. Die vereinbarte maximale Luftwechselrate liegt unterhalb eines Wertes von n50 [1/h] * 1,5. Die Messung wird vor Abnahme durchgeführt und gehört zum Leistungsumfang.

Abb. 10: Musterbaubeschreibung

Alle notwendigen Planungsleistungen durch Architekten, Fachingenieure und Vermessungsingenieur sowie sämtliche Gebühren für behördliche Genehmigungen und Abnahmen sind in den Leistungen enthalten.

Der Käufer erhält nach Fertigstellung und Abnahme des Gebäudes einen aktuellen Satz aller Ausführungspläne sowie die kompletten statischen Berechnungen und Statikpläne.

Zum Leistungsumfang gehören:

- die Erschließung des Grundstücks mit Gas, Wasser, Strom, Telefon, Abwasser
- die Verlegung der Hausanschlüsse für Gas, Wasser, Strom, Telefon, Abwasser.

Alle Erschließungsgebühren des Grundstücks seitens der Kommune für Straßen, Wege, Beleuchtung, Kanal usw. sind bereits vollständig bezahlt.

Leistungsbeschreibung der Gewerke

Vertragsbestandteil des Angebots ist die nachfolgende Leistungsbeschreibung der Firma Mustermann Bauträger GmbH, Musterhausen, nachfolgend Auftragnehmer genannt. Die nachfolgenden Leistungen werden vom Auftragnehmer zu dem im Kaufvertrag vereinbarten Festpreis erbracht.

Baustelleneinrichtung:

Alle die Baustelleneinrichtung betreffenden Leistungen sind im Festpreis enthalten. Hierzu gehören:

- alle notwendigen Anträge bei Behörden
- alle Sicherungsmaßnahmen wie Zäune, Absperrungen, Beleuchtung usw.
- das Aufstellen eines Krans inklusive Vorbereitung des Kranaufstellplatzes
- die Sicherstellung einer Baustellenzufahrt
- das Aufstellen und Unterhalt eines WCs während der gesamten Bauzeit
- die Tagesunterkünfte während des Rohbaus

- die Beantragung, Aufstellung, Vorhaltung und Demontage eines Baustrom- und Bauwasseranschlusses inklusive aller Verbrauchskosten während der Bauzeit
- alle Baumschutzmaßnahmen für alle Bäume auf dem Grundstück
- die Beseitigung von anfallendem Bauschutt.

Erdarbeiten:

Im Festpreis sind folgende Leistungen enthalten:

- die Grob- und Feinabsteckung der Baugrube
- alle eventuell notwendigen Sicherungsmaßnahmen an benachbarten Bäumen und Gebäuden
- das Abtragen des Oberbodens und dessen seitliche Lagerung
- das Ausheben der Baugrube und die seitliche Lagerung des Aushubmaterials, soweit es zur späteren Wiederverfüllung geeignet ist
- den Abtransport des Aushubmaterials zur Deponie inkl. der Deponiegebühren
- das Verfüllen der Baugrube mit geeignetem Material inklusive Zulieferung von eventuell notwendigem Material
- die Verteilung des gelagerten Oberbodens und Abfuhr von überschüssigem Material inklusive eventueller Gebühren
- die Beseitigung eventueller Bodenbelastungen, die trotz Baugrunduntersuchung festgestellt werden.

Gründung und Bodenplatte:

Das Gebäude wird folgendermaßen gegründet:

- kapillarbrechende Schicht aus Kies unter der Bodenplatte, $d = 10$ cm
- darüber Wärmedämmung aus Polyurethan-Hartschaumplatten, WLG 035, $d = 15$ cm
- darüber Abdeckung mit PE-Folie
- Stahlbeton-Bodenplatte in B 25 $d = 30$ cm gemäß Statik. Dämmung der Stirnseiten der Bodenplatte mit Wärmedämmung aus Polyurethan-Hartschaumplatten, WLG 040, $d = 15$ cm
- Verlegung des Fundamenterders unterhalb der Kelleraußenwände. Die Anschlussfahne des Fundamenterders wird im Hausanschlussraum ca. 1,5 m über Rohboden nach oben geführt.

Kellerwände und Abdichtung gegen nicht drückendes Wasser:

Die Ausführung der Kelleraußenwände erfolgt in Stahlbeton aus Ortbeton, d = 20 cm nach Statik. Die Abdichtung der Kelleraußenwände wird mittels Bitumendickbeschichtung ausgeführt *(Hersteller / Produkt)*.

Außenseitig umlaufende Wärmedämmung aus Polyurethan-Hartschaumplatten, WLG 040, d = 15 cm.

Die sichtbaren Kelleraußenwandflächen werden mit Zementputz verputzt. Im Sockelbereich wird umlaufend ein 30 cm breites Kiesbett angelegt, außer in den gepflasterten Bereichen.

Tragende Kellerinnenwände werden aus Kalksandstein, d = 17,5 cm, nichttragende Kellerinnenwände werden in Kalksandstein d = 11,5 cm gemauert.

Dränage:

Vor die Kelleraußenwände werden Sickerplatten mit Filtervlies zur Abführung von Wasser gestellt. Die Dränage erfolgt als Ringdränage in Höhe der Bodenplatte mit folgendem Aufbau:

- Drainleitung aus geschlitzten, flexiblen Kunststoff-Rippenrohren
- Sickerpackung aus Kies
- Filtervlies
- sickerfähige Baugrubenverfüllung
- an den Gebäudeecken senkrechte Kontroll- u. Spülrohre in DN 300.

Kellerfenster und Lichtschächte:

Folgende Kellerfenster und Lichtschächte werden im Bereich nicht beheizter Räume eingebaut:

- Kellerfenster mit Isolierverglasung, U-Wert des Fensterelements 1,3 W / (m^2·K) und Drehkipp-Beschlag, Kunststoff, weiß, Größe ca. 70 x 50 cm *(Hersteller / Produkt)*
- Kellerlichtschacht aus glasfaserverstärktem Kunststoff (GFK), weiß mit verzinktem Gitterrost und Rostsicherung, Größe ca. 90 x 90 cm *(Hersteller / Produkt)*.

Im Bereich beheizter Räume kommen die technisch identischen Fensterelemente wie im EG, OG und DG zum Einsatz.

Außenwände allgemein:

Außenwände als einschalige Massivwand, *(Hersteller / Produkt)*, beidseitig verputzt. Außenbauteile aus Beton werden zusätzlich von außen wärmegedämmt. Der U-Wert der Außenwand beträgt 0,24 W / (m²·K). Die Gesamtdicke der Außenwand beträgt 40 cm und setzt sich wie folgt zusammen (von innen nach außen):

- Innenputz als Gipsputz d = 1,5 cm
- Außenwände aus porosiertem Ziegelmauerwerk d = 36,5 cm
- Außenputz als durchgefärbter Kunstharzputz, d = 2 cm als Kratzputz.

Decken:

Die Geschossdecken über Kellergeschoss, Erdgeschoss und Obergeschoss werden als Stahlbetondecken in Ortbeton ausgeführt, Dicke d = 18 cm. Die Decke zwischen Dachgeschoss und Spitzboden wird zusammen mit dem Dachstuhl als Holzkonstruktion (Kehlbalkenlage) erstellt. Der Gehbelag des Spitzbodens besteht aus Spanplatten, d = 22 mm in Nut- und Feder, miteinander verleimt, auf Filzstreifen liegend und mit den Kehlbalken verschraubt.

Innenwände in Erdgeschoss, Obergeschoss und Dachgeschoss:

Die tragenden Innenwände im Erdgeschoss, Obergeschoss und Dachgeschoss werden in Kalksandstein, d = 17,5 cm ausgeführt, die nicht tragenden Innenwände im Erdgeschoss, Obergeschoss und Dachgeschoss bestehen aus Gipsdielen d = 10 cm.

Innentreppe:

Die Treppe (UG-EG-OG-DG) wird durchgängig als Holzwangenkonstruktion mit offenen Setzstufen ausgeführt, Steigung 18 cm, Auftritt 28 cm. Die Treppenwangen werden schallentkoppelt auf die Geschossdecken oder schallentkoppelt auf Wandauflager gesetzt. Trittstufen, Treppenwangen und Podeste werden in Buche Massivholz, verleimt ausgeführt. Die Geländerstäbe werden als Holzgeländer in Buche ausgeführt. Der Handlauf erfolgt in Massivholz aus Buche.

Der Zugang in den Spitzboden erfolgt über eine Einschubtreppe, Größe 120 x 65 cm, als dreiteilige Aluminium-Bodentreppe mit gedämmtem Futterdeckel (Dämmung aus Polystyrol-Hartschaum WLG 035, d = 12 cm) und Abdichtung der Einbaufuge zwischen Futterkasten und Balkenlage *(Hersteller / Produkt)*.

Dachkonstruktion:

Die Dachkonstruktion besteht aus einem Pfettendachstuhl in Holzkonstruktion, Holzart Fichte, Güteklasse II, holzschutzimprägniert.

Die Dachneigung beträgt 48°. Die Ausführung der Mittelpfetten erfolgt als Leimbinder. Die Leimbinder werden an den Dachüberständen profiliert, um die Größen von First-, Mittel und Fußpfetten einander anzupassen. Der Dachüberstand beträgt im Giebelbereich 60 cm, im Traufbereich 65 cm. Die Dachüberstände im Giebel- und Traufbereich werden unterseitig mit einer Nut- und Federschalung aus Fichte, hell lasiert, verkleidet. Die Dachgauben werden ebenfalls als Holzkonstruktion ausgeführt, Dachneigung 48°. Der seitliche Dachüberstand bei den Gauben beträgt umlaufend 35 cm, die Dachüberstände werden ebenfalls unterseitig mit einer Nut- und Federschalung aus Fichte, hell lasiert, verkleidet. Die Querschnitte der Sparren und Pfetten erfolgen nach den Vorgaben der statischen Berechnung.

Dachdämmung:

Die Dämmung erfolgt mittels Mineralwolledämmung WLG 040, d = 20 cm zwischen den Sparren. U-Wert des Daches 0,2 W/(m²·K). Bei Sparrenquerschnitten unter 20 cm erfolgt eine zusätzliche Dämmung unterhalb der Sparren. Unterhalb der Dämmung wird raumseitig eine Dampfbremse verlegt *(Hersteller / Produkt)*.

Raumseitige Innenverkleidung der Dachschrägen:

Lattung unterhalb der Dampfsperre mittels gehobelter Dachlatten, Querschnitt 25 x 40 mm, darauf Innenverkleidung aus Gipskartonplatten d = 12,5 mm, geschraubt.

Dachdeckung:

Die Dachdeckung hat folgenden Aufbau: Diffusionsoffene Unterspannbahn *(Hersteller / Produkt)*, darauf Konterlattung und Lattung aus Dachlatten 2,5 x 4,0 cm, darauf Deckung mit Ziegeldachsteinen *(Hersteller / Produkt)*, Farbe rot, inklusive aller notwendigen Sondersteine wie Ortgänge, First, Lüfterziegel.

Dachzubehör:

Im Preis enthalten sind das Dachzubehör wie Schneefanggitter im Traufbereich, notwendige Sicherheitstritte und Standroste für den Schornsteinfeger, Ausführung in Metall, verzinkt, sowie ein Ausstiegsfenster mit Isolierverglasung *(Hersteller / Produkt)*.

Dachflächenfenster:

Je ein Dachflächenfenster *(Hersteller / Produkt)* im Kinderzimmer und Bad im Dachgeschoss, Breite 94 cm, Höhe 118 cm, mit Wärmeschutzverglasung, U-Wert Fensterelement 1,7, Schallschutzwert der Verglasung 35 dB, Außenabdeckung aus Titanzink.

Balkon:

Ein Balkon auf der Westseite als vorgestellte Stahlkonstruktion, Abmessungen gemäß Planzeichnungen. Der Gehbelag des Balkons besteht aus einem Holzdielenbelag aus kesseldruckimprägniertem Fichtenholz, dunkel lasiert, Abmessung 120 mm x 40 mm mit offenen Fugen, Breite ca. 10 mm. Balkongeländer als verzinkte Stahlunterkonstruktion und verzinktem Handlauf mit Glas-Brüstungselementen aus mattiertem Glas gemäß Darstellung in den Ansichtsplänen. Wetterschutz über dem Balkon als verzinkte Stahlunterkonstruktion mit Glaselementen aus mattiertem Glas gemäß Darstellung in den Ansichtsplänen.

Klempner- bzw. Blechnerarbeiten:

Klempnerarbeiten werden in Zinkblech ausgeführt (Montage der Dachrinnen, Fallrohre und Kehlbleche), ebenso die seitlichen Verkleidungen der Gauben. Der Anschluss der Regenfallrohre an die Grundleitungen erfolgt mittels Standrohren aus Gussrohr. Alle Befestigungsmittel (Schrauben und Nägel) sind aus Edelstahl.

Fenster und Fenstertüren, Fensterbänke:

Fenster und Fenstertüren aus Holz, offenporig weiß lasiert *(Hersteller / Produkt)*, im Erd- und Dachgeschoss sowie bei den Fenstern von Wohnräumen im Keller. Fenstergrößen gemäß den Rohbaumaßen aus dem Bauantrag. Alle Fenster mit Dreh-Kippbeschlag. Die Festlegung der Aufschlagrichtung erfolgt raumweise gemeinsam mit dem Erwerber. Befestigung des Rahmens mittels thermisch getrennten Ankern, *(Hersteller / Produkt)*, Ausstopfen der Zwischenräume zwischen Rahmen und Mauerwerk mit Mineralwolle. Innen und außen luft- und winddichter Abschluss der Fuge zwischen Rahmen und Mauerwerk mit Anputzprofilen aus Kunststoff *(Hersteller / Produkt)*.

U-Wert des Fensterelements (Verglasung und Rahmen): $1,0 \, W / (m^2 \cdot K)$
Schalldämm-Maß $R'_{w,R}$: 35 dB, Schallschutzklasse II

Griffe an den Fenstern und Fenstertüren mit abschließbaren Oliven, *(Hersteller / Produkt)*, Farbe weiß. Verriegelung durch Pilzzapfen.

Außenfensterbänke aus Aluminium, weiß, akustisch entkoppelt.

Innenfensterbänke aus Naturstein (genaue Bezeichnung), Dicke 22 mm, Tiefe 20 cm, Kanten gefast.

Rollladenkästen, Rollläden:

Die Rollladenkästen werden als Fertigelemente beim Aufmauern an allen Fenstern im Erd- und Obergeschoss sowie an den Fenstern der Giebelwände im Dachgeschoss und den Fenstern beheizter Räume im Keller eingebaut *(Hersteller / Produkt)*, U-Wert 0,85 W / (m²·K).

Als Rollläden kommen Kunststoffrollläden, lichtgrau mit Normalprofilen zum Einsatz. Die Rollläden haben eine Sicherung gegen Aufschieben. Die Bedienung erfolgt manuell mit Gurtroller. Elektrische Ausführung auf Wunsch, Mehrpreis pro Element 320 Euro inkl. MwSt.

Außenmarkisen sind im Leistungsangebot nicht enthalten.

Hauseingangsbereich:

Zum Hauseingangsbereich gehören Hauseingangstüre, Klingelanlage, Briefkasten, Hausnummer, Beleuchtung, Vordach und Eingangspodest.

Hauseingangstürelement aus Aluminium, weiß, einbrennlackiert. U-Wert: 1,3 W / (m²·K) *(Hersteller / Produkt)*. Verglasung der Lichtausschnitte aus Isolierverglasung, Beschläge als Sicherheitsbeschlag mit dreifacher Verriegelung, Bodendichtung, Griffstange außen in Edelstahl, Länge 60 cm. Türgriff innen weiß. Im Preis enthalten ist ein einfacher Schließzylinder, der nach Übergabe des Objekts durch eine Schließanlage des Erwerbers ersetzt werden kann.

Briefkasten, Hausnummer, Klingelanlage mit Namensschild und Außenbeleuchtung an der Außenwand neben der Haustüre nach Wahl des Erwerbers bis zu einem Materialwert von 300 Euro inkl. MwSt., ein eventueller Mehrpreis wird vom Erwerber getragen, die Montage erfolgt kostenfrei.

Vordach aus Glas-Stahlkonstruktion. Stahlkonstruktion verzinkt, mit oberseitiger Verbundglasplatte, 120 x 200 cm mit matter Zwischenlage aus Kunststofffolie, gemäß Darstellung in den Ansichtsplänen.

Telefon, Antenne, Klingelanlage:

Telefonanschluss: Im Wohnzimmer, im Flurbereich im Erdgeschoss, im Flurbereich im Obergeschoss sowie im Elternschlafzimmer befinden sich je ein Telefonanschluss.

Antennenanschluss: Im Wohnzimmer, Elternschlafzimmer, Kinderzimmer sowie im Hobbyraum im Keller befindet sich je ein Antennenanschluss.

Klingelanlage: Klingelanlage als Wechselsprechanlage mit zwei Annahmestellen im Haus, *(Hersteller / Produkt)*. Im Flurbereich EG und OG befindet sich je ein Anschluss für die Klingelanlage.

Elektroinstallation:

In verputzten Räumen erfolgt die Elektroinstallation mittels Stegleitungen unter Putz, in unverputzten Räumen werden Mantelleitungen in Leerrohren verlegt. Aufstellort des Verteilerschranks ist der Hausanschlussraum. Die Absicherung erfolgt raumweise, Herdanschluss und Heizung werden separat abgesichert. Das Bad, die Kinderzimmer sowie die Außensteckdosen erhalten zusätzlich einen FI-Schutzschalter.

Im Preis enthalten sind insgesamt 55 Steckdosen, zusätzlich zwei abschaltbare Außensteckdosen für die Terrasse und den Balkon, sowie für jede Brennstelle ein Schalter, in den Fluren Tasterschaltung. Die genaue Lage der Schalter und Steckdosen wird im Rahmen einer gemeinsamen Begehung vom Erwerber vor Beginn der Elektroinstallation festgelegt.

Jeder Raum erhält eine Deckenbrennstelle, im Wohnzimmer zusätzlich zwei Wandanschlüsse für Wandleuchten, in der Küche zusätzlich Anschlüsse für Kühlschrank, Dunstabzugshaube, Geschirrspüler, Mikrowelle, im Bad zusätzlich zwei Wandanschlüsse im Waschbeckenbereich für Wandleuchten, im WC zusätzlich einen Wandanschluss im Waschbeckenbereich für Wandleuchten.

Mehrpreis für jede zusätzliche Steckdose inkl. Montage: 31 Euro
Mehrpreis für jeden zusätzlichen Schalter inkl. Montage: 27 Euro
Mehrpreis für jede zusätzliche Deckenbrennstelle: 29 Euro
Mehrpreis für jede zusätzliche Wandbrennstelle: 29 Euro
(jeweils inkl. MwSt.)

Die Ausführung der Schalter und Steckdosen erfolgt in verputzten Räumen als Unterputz-Modell in Kunststoff, weiß, *(Hersteller / Produkt)*, in unverputzten Räumen als Aufputzelement, lichtgrau *(Hersteller / Produkt)*.

Heizungsinstallation:

Gas-Wandheizgerät in Brennwertausführung *(Hersteller / Produkt)*, Nennwärmeleistung 20 KW, Aufstellort im Kellergeschoss, als Kombinationsgerät mit Warmwasserbereitung. Die Luftzufuhr erfolgt raumluftunabhängig. Regelung über einen Außentemperaturfühler auf der Nordseite der Außenfassade und einen Innentemperaturfühler im Wohnzimmer.

Leitungsführung zu den Heizkörpern mit Kupfer-Installationsrohr, wärmegedämmt nach EnEV mittels Dämmschläuchen, Befestigung mittels schallentkoppelten Rohrschellen.

Heizkörper als Plattenheizkörper, fertig lackiert *(Hersteller / Produkt)*, wandhängend mit Fuß und Thermostatventil, Der Anschluss erfolgt auf Putz. Auslegung der Heizflächen entsprechend der Wärmebedarfsberechnung mit Systemtemperaturen 70 / 50°.

Warmwasserbereitung:

Als kombinierte Heizungs- und Warmwasserbereitungsanlage (siehe Heizungsinstallation). Inhalt des Wasserspeichers 400 Liter. Zur Unterstützung der Brauchwassererwärmung wird eine thermische Solaranlage mit 7,5 m^2 Kollektorfläche installiert *(Hersteller / Produkt)*.

Sanitärinstallation:

Hausentwässerung über Abflussrohre aus Kunststoff *(Hersteller / Produkt)*, Montage mit schallentkoppelten Rohrschellen. Abwasserleitung für das Kesselkondensat aus Kunststoff. Bodeneinlauf in der Waschküche.

Wasserversorgung: Warm- und Kaltwasserleitungen aus diffusionsdichtem 5-Schicht Verbundrohr *(Hersteller / Produkt)*. Rohrdämmung gemäß Energieeinsparverordnung (EnEV), Dämmung auch der Kalwasserleitungen, schallentkoppelte Leitungsbefestigung.

Warmwasserleitungen als Zirkulationsleitung, Steuerung der Zirkulationsleitung mit einer Zeitschaltuhr. Verlegung der Leitungen in den Kellerräumen auf Putz, in den Wohnräumen unter Putz bzw. unter dem Estrich. Kaltwasser-Außenzapfstelle auf der Westseite als frostsichere Außenarmatur mit Rückflussverhinderer und Entleerungsmöglichkeit im Hausanschlussraum.

Sanitärgegenstände:

Gäste-WC:

- ein Wandhänge-WC als Tiefspüler aus Porzellan, weiß *(Hersteller / Serie)*
- ein WC-Tragelement mit Unterputzspülkasten 6-9 Liter *(Hersteller / Serie)*
- ein Klosettsitz mit Deckel, weiß *(Hersteller / Serie)*

- ein Toilettenpapierhalter, verchromt *(Hersteller / Serie)*
- ein Waschbecken aus Porzellan, 50 x 38 cm, weiß *(Hersteller / Serie)*
- eine Einhand-Waschtischbatterie, verchromt *(Hersteller / Serie)*
- ein Handtuchhalter, verchromt *(Hersteller / Serie)*
- eine Ablage aus Porzellan über dem Waschtisch, weiß *(Hersteller / Serie)*
- ein Kristallspiegel, Kanten geschliffen, Größe ca. 70 x 50 cm einschließlich Spiegelbefestigung *(Hersteller / Serie)*

Badezimmer:

- ein Wandhänge-WC als Flachspüler aus Porzellan, weiß *(Hersteller / Serie)*
- ein WC-Tragelement mit Unterputzspülkasten 6-9 Liter *(Hersteller / Serie)*
- ein Klosettsitz mit Deckel, weiß *(Hersteller / Serie)*
- ein Toilettenpapierhalter, verchromt *(Hersteller / Serie)*
- ein Waschbecken aus Porzellan, 60 x 48, weiß *(Hersteller / Serie)*
- eine Einhand-Waschtischbatterie, verchromt *(Hersteller / Serie)*
- ein Handtuchhalter, verchromt *(Hersteller / Serie)*
- eine Ablage aus Porzellan über dem Waschtisch, weiß *(Hersteller / Serie)*
- ein Kristallspiegel, Kanten geschliffen, Größe ca. 80 x 130 cm einschließlich Spiegelbefestigung *(Hersteller / Serie)*
- eine Stahl-Einbau-Badewanne 175 x 75 cm *(Hersteller / Serie)*
- eine Ablaufgarnitur, verchromt *(Hersteller / Serie)*
- eine Einhebel Wannenfüll- und Brausebatterie *(Hersteller / Serie)*
- eine Handbrause mit Halter, Brauseschlauch *(Hersteller / Serie)*
- ein Badetuchhalter 80 cm *(Hersteller / Serie)*
- eine Stahl-Einbau-Duschwanne, 90 x 75 cm *(Hersteller / Serie)*
- eine UP-Einhand- Brausebatterie *(Hersteller / Serie)*
- eine Handbrause mit Brauseschlauch *(Hersteller / Serie)*
- eine Brausestange, verchromt *(Hersteller / Serie)*

Küche:

- ein Anschluss für Geschirrspülmaschine und Spüle

Waschküche:

- ein Ausgussbecken aus Stahlblech, weiß emailliert ca. 50 x 50 cm mit Alu-Klapprost *(Hersteller / Serie)*
- eine Einhand-Spültisch-Wandbatterie mit schwenkbarem Rohrauslauf für Warm- und Kaltwasser *(Hersteller / Serie)*
- ein Kaltwasseranschluss für Waschmaschine

Innenputz:

Einlagiger Gipsputz (d = 1,5 cm im Mittel) in beheizten Räumen auf allen gemauerten Kalksandsteinwänden und den Unterseiten der Decken, als Untergrund für Tapeten und Fliesenbeläge. Kellerräume bleiben unverputzt. Gipsdielenwände werden gespachtelt und tapezierfertig vorbereitet.

Estrich:

Schwimmender Estrich als Zementestrich in beheizten Räumen, Estrichdicke inklusive Dämmung 12 cm. In den Kellerräumen Zementestrich auf Trennlage (d = 4 cm). Zwischen beheizten und unbeheizten Räumen im Kellergeschoss entsteht dadurch ein kleiner Höhenversatz. Mehrpreis für Ausgleich im Rohboden oder für schwimmenden Estrich im gesamten Kellergeschoss 650 Euro.

Trockenbau:

Einlagige Verkleidung sämtlicher Dachschrägen im DG mit Gipskartonplatten (d = 12,5 mm), Verkleidungen von Installationsschächten und Leitungen erfolgen ebenfalls mit Gipskartonplatten. Malerfertige Verspachtelung aller Plattenstöße der Gipskartonplatten.

Innentüren:

Alle Räume im EG, OG und DG, sowie die Wohnräume im KG erhalten Fertigtürelemente, hygrothermische Beanspruchungsgruppe I, Türblätter mit Röhrenspaneinlage, Holzfurnier weiß lackiert, Zargen als Umfassungszarge mit Gummilippendichtung, Holzfurnier weiß lackiert, Schalldämmung Rw des Türblatts 32 dB *(Hersteller / Serie)*.

Türen zur Waschküche, zu den Kellerräumen und zum Heizraum werden aufgrund der höheren Beanspruchung zwischen beheizten und unbeheizten Räumen in der hygrothermischen Beanspruchungsgruppe II ausgeführt *(Hersteller / Serie)*.

Die Türen erhalten eine Drückergarnitur aus Kunststoff, weiß *(Hersteller / Serie)* und ein Buntbartschloss.

Fliesenarbeiten:

Verlegung von Bodenfliesen im Dünnbett in folgenden Räumen: Alle Kellerräume einschließlich KG-Flur, Eingangsbereich, EG-Flur, EG-WC, Abstellraum, OG-Bad. Werden die dazugehörigen Wandflächen nicht gefliest, erhalten die Fliesenbeläge einen Fliesensockel, geschnitten aus dem Fliesenmaterial.

Verlegung von Wandfliesen im Dünnbett in folgenden Räumen: Waschküche um das Waschbecken, in WC und Bad umlaufend jeweils auf ca. 2 m Höhe. In der Küche Fliesenspiegel Höhe Unterkante ca. 85 cm, ca. 70 cm hoch auf einer Länge von 6 m. Im Duschbereich und an den Stellen um die Badewanne, die von Feuchtigkeit betroffen sind, wird zusätzlich eine Feuchtigkeitsabdichtung auf die Wand aufgebracht. Revisionstüren an Dusche und Badewanne.

Materialpreis für die Fliesen: 25 Euro / m^2 inkl. MwSt. Die Fliesen können in jedem Fachgeschäft ausgesucht werden, bei höherem Preis zahlt der Erwerber den Differenzbetrag, ein Minderpreis wird vergütet. Die wählbaren Fliesengrößen liegen zwischen 10 und 40 cm Kantenlänge. Verlegung kleinerer oder größerer Fliesen gegen Mehrpreis bei der Verlegung. Die Kosten für die Verlegung trägt der Auftragnehmer. Verlegung von Fliesenmustern gegen Aufpreis.

Parkettarbeiten:

Parkettboden als Fertigparkett nach Wahl des Erwerbers, verklebt mit dem Estrich. Der Materialpreis wird mit 60 Euro / m^2 inkl. MwSt. angesetzt, bei Materialmehrpreis trägt der Erwerber den Differenzbetrag, ein Minderpreis wird vergütet. Die Kosten für die Verlegung trägt der Auftragnehmer. Randabschluss mit Holzsockelleisten, an der Wand befestigt, nach Wahl des Erwerbers, Materialpreis 12 Euro / m inkl. MwSt., bei Materialmehrpreis trägt der Erwerber den Differenzbetrag, ein Minderpreis wird vergütet. Die Kosten für die Verlegung trägt der Auftragnehmer.

Die Verlegung erfolgt im EG im Wohnzimmer, im OG im Flur, in den Kinderzimmern und im Schlafzimmer.

Malerarbeiten, innen und außen:

Zu den Malerarbeiten im Innenbereich gehören die Vorbereitung des Untergrunds (z.B. Spachteln der Stoßfugen der Deckenplatten und die Reinigung des Untergrunds). Alle verputzten Wandflächen, die nicht gefliest sind, sowie alle verputzten Deckenflächen werden mit Raufaser, Struktur nach Wahl des Erwerbers, tapeziert.

Alle tapezierten Wandflächen und Deckenflächen erhalten anschließend einen Anstrich mit heller Dispersionsfarbe nach Wahl des Erwerbers *(Hersteller / Produkt)*.

Die Malerarbeiten im Innenbereich inklusive aller Vorarbeiten können vom Erwerber als Eigenleistung nach Abnahme des Gebäudes durchgeführt werden. Hierfür werden pauschal 4.000 Euro vergütet.

Im Außenbereich erhalten die Unterseiten der Dachüberstände eine Holzlasur in weiß *(Hersteller / Produkt)*.

Teppicharbeiten:

Teppichboden nach Wahl des Erwerbers auf allen Wohnflächen, die nicht mit Fliesen oder Parkett belegt werden, verklebt mit dem Estrich. Die Teppichböden können vom Auftraggeber in jedem Fachgeschäft frei ausgesucht werden. Der Materialpreis wird mit 30 Euro/m^2 inkl. MwSt. angesetzt, bei Materialmehrpreis trägt der Erwerber den Differenzbetrag, ein Minderpreis wird vergütet. Die Kosten für die Verlegung trägt der Auftragnehmer. Randabschluss mit Holzsockelleisten, an der Wand befestigt, nach Wahl des Erwerbers, Materialpreis 12 Euro/m inkl. MwSt., bei Materialmehrpreis trägt der Erwerber den Differenzbetrag, ein Minderpreis wird vergütet. Am Materialübergang zu anderen Bodenbelägen werden Aluminiumleisten gesetzt. Die Kosten für die Verlegung trägt der Auftragnehmer.

Terrasse:

Auf der Westseite wird eine Terrasse angelegt, Größe 16 m^2, mit folgendem Konstruktionsaufbau: verdichtete Schotterlage (d = 30 cm), darauf Feinsplittbett (d = 10 cm), in das Betonwerksteinplatten mit offenen Fugen verlegt werden. Für die Betonwerksteinplatten wird ein Materialpreis von 25 Euro/m^2 inkl. MwSt. angesetzt. Die Betonwerksteinplatten können vom Auftraggeber in jedem Fachgeschäft ausgesucht werden, bei höherem Preis zahlt der Erwerber den Differenzbetrag, ein Minderpreis wird vergütet.

Wintergarten:

Gemäß Bebauungsplan ist eine Wintergartenerweiterung mit einer Grundfläche von 2,5 m x 4,0 m (Tiefe x Breite) auf der Ostseite des Gebäudes möglich, im Angebot jedoch nicht berücksichtigt. Eine Genehmigung zur Errichtung eines Wintergartens liegt vor. Der Erwerber kann den Wintergarten zu einem späteren Zeitpunkt errichten.

> **Außenanlage:**
>
> Zum Leistungsumfang gehören der Zugang zum Hauseingang und ein Stellplatz mit Zufahrt. Ausführung mit Betonsteinpflaster mit sandgefüllten Fugen auf verdichteter Schotterlage im Sandbett. Folgendes Material wird verlegt: *(Hersteller / Serie)*. Die gepflasterten Flächen sind im Lageplan des Bauantrags und im Erdgeschossplan des Bauantrags dargestellt.
>
> Eine Garage gehört nicht zum Leistungsumfang. Wenn der Erwerber eine Garage möchte, werden als Ersatz für die nicht benötigten Pflasterflächen des Stellplatzbereichs die erforderlichen Fundamente erstellt. Mehrkosten oder Erstattungen entstehen dafür nicht.
>
> Nicht zum Leistungsumfang gehören Geländemodellierung, Begrünung und Bepflanzung der restlichen Grundstücksflächen sowie eine Einfriedung des Grundstücks mit Zäunen oder Sträuchern.
>
> Aufgestellt: Musterhausen, den (Datum)

Vergleichen Sie einfach einmal diese Baubeschreibung mit der des Objekts, das Sie interessiert. Machen Sie sich eine Liste aller Details, die ungeklärt sind und sprechen Sie diese mit dem Bauträger durch. Für den Fall, dass Sie zu diesem Zeitpunkt für bestimmte Leistungen keine genauen Angaben erhalten können, sollten Sie einen Preiskorridor für die entsprechende Leistung vereinbaren. Beispiel: Der Bauträger kann Ihnen noch nicht sagen, welche Haustür (Hersteller, Fabrikat, Typ, Sicherheitseinrichtungen, Material, Farbe usw.) eingebaut wird. Fragen Sie in diesem Fall, welcher Betrag für die Haustüre angesetzt werden kann und ob Sie bis zu diesem Betrag selbst eine Türe aussuchen können. Auf diese Weise können Sie in einer Haustür-Ausstellung prüfen, ob Sie zu diesem Betrag überhaupt eine ansprechende Türe finden können.

Ist der Bauträger nicht bereit, von einer unexakten oder unvollständigen Baubeschreibung abzurücken und die Dinge detaillierter zu regeln, sollten Sie Fachleute hinzuziehen, die mit ihm sprechen (siehe Anhang) oder auch die Zusammenarbeit mit einem solchen Vertragspartner überdenken.

3.5 Überprüfung der Wohnfläche

Bei der Wohnflächenberechnung werden Sie auf die unterschiedlichsten Berechnungsarten treffen. Sie benötigen aber natürlich eine einheitliche Berechnungsmethode, um verschiedene Häuser vor allem hinsichtlich ihres Quadratmeterpreises vergleichen zu können. Ferner ist es so, dass es offiziell nur eine einzige Berechnungsmethode gibt, die auch von Landeskreditbanken bei der Prüfung der Förderwürdigkeit der Immobilie eingesetzt wird und dies ist die Wohnflächenverordnung (WoFlV). Sie ist Teil der »Verordnung zur Berechnung der Wohnfläche, über die Aufstellung von Betriebskosten und zur Änderung anderer Verordnungen«. Die Wohnflächenverordnung ist im Januar 2004 offiziell in Kraft getreten und seither die einzige Berechnungsmethode, die offiziell zur Berechnung von Wohnflächen zulässig ist.

Neben dieser Verordnung werden Sie aber vor allem auch auf Wohnflächenberechnungen nach der DIN 283, der DIN 277 und der zweiten Berechnungsverordnung (II. BV) treffen.

Die DIN 283 ist nicht mehr gültig und wurde auch in einem anderen Zusammenhang zur Wohnflächenberechnung angewandt. Die DIN 277 ist eine Norm, mit der Flächen berechnet werden, aber nicht Wohnflächen, sondern Nutzflächen, Funktionsflächen und Verkehrsflächen. Diese untergliederte Flächenberechnung dient ausschließlich der Kostenermittlung im Hochbau nach der DIN 276, nicht aber der Ermittlung von Wohnflächen. Die zweite Berechnungsverordnung schließlich ist die Vorläuferverordnung der seit 2002 gültigen Wohnflächenverordnung.

Soweit Ihnen eine Berechnung nach der Wohnflächenverordnung nicht vorgelegt werden kann (z.B. bei einem Bestandsgebäude) können Sie überlegen, eine entsprechende durch einen Fachmann erstellen zu lassen. Bei einem Neubau vom Bauträger hingegen sollte eine ordentliche Wohnflächenberechnung nach der Wohnflächenverordnung vorliegen. Hier können Sie auch sehr gut argumentieren, dass die Banken, mit denen Sie Finanzierungsgespräche führen, eine Wohnflächenermittlung nach der Wohnflächenverordnung vorgelegt haben wollen. Wichtig ist, dass Sie neben dem Ergebnis der Wohnflächenberechnung auch den Rechenweg selbst erhalten, damit dieser unabhängig überprüft werden kann. Auch hier können Sie auf die geforderte Vorlage bei den Banken verweisen.

Das Problem unterschiedlicher Wohnflächenberechnungen liegt an den daraus resultierenden unterschiedlichen Ergebnissen. Bei ein und derselben Immobilie kann sich die Wohnfläche aufgrund der verschiedenen Rechenansätze durchaus um zehn Quadratmeter unterscheiden. Für den Laien ist es nicht einfach, Fehler in Wohnflächenberechnungen zu erkennen. Da der Kaufpreis verschiedener Immobilien jedoch häufig über die

Wohnfläche verglichen wird, ist eine rechnerische Prüfung durchaus lohnenswert. Dies kann beispielsweise durch einen Architekten erfolgen. Treffen Sie vorab eine schriftliche Honorarvereinbarung dafür.

Den Text der aktuellen Wohnflächenverordnung finden Sie im Internet auf den Seiten des Bundesministeriums für Verkehr, Bau- und Wohnungswesen unter www.bmvbw.de.

3.6 Der Energiebedarfsausweis für neu zu errichtende Gebäude

Für neu zu errichtende Gebäude muss gemäß der Energieeinsparverordnung (EnEV) seit dem 01. Februar 2002 gemeinsam mit dem Bauantrag ein sogenannter Energiebedarfsausweis eingereicht werden. Kaufen Sie also z.B. eine neue Immobilie vom Bauträger, muss für diese Immobilie bereits vor Baubeginn ein Energiebedarfsausweis ausgestellt worden sein. Die EnEV regelt im Detail wer berechtigt ist, diese Ausweise auszustellen und wie diese Ausweise aufgebaut sind. Energiebedarfsausweise geben Auskunft über den rechnerisch ermittelten voraussichtlichen Energiebedarf eines Gebäudes. In aller Regel werden Sie von Architekten oder Statikern, sofern diese über eine entsprechende Zusatzausbildung verfügen, oder von Energieberatern ausgestellt. Energieberater mit der höchsten Qualifizierung werden vom Bundesamt für Wirtschaft und Ausfuhrkontrolle (BAFA) in Köln zertifiziert. Auf dessen Internetseite unter www.bafa.de finden Sie auch eine Liste mit allen bundesweit zertifizierten Energieberatern. Lassen Sie sich von Ihrem Bauträger benennen, wer die Energiebedarfsberechnung Ihres Hauses durchgeführt hat und den diesbezüglichen Energiebedarfsausweis ausstellte. Prüfen Sie ggf. nach, ob dieses Büro auf der BAFA-Liste eingetragen ist. Lassen Sie sich nicht nur den Energiebedarfsausweis aushändigen, sondern auch die Berechnungsunterlagen zur Ermittlung der im Ausweis eingetragenen Daten, dann können Sie diese ggf. extern, z.B. durch einen von der BAFA zertifizierten Energieberater, nachprüfen lassen.
Wie ein Energiebedarfsausweis nach der AVV aufgebaut sein muss und aussehen sollte, können Sie der nachfolgenden Abbildung entnehmen.

ENERGIEAUSWEIS für Wohngebäude

gemäß den §§ 16 ff. Energieeinsparverordnung (EnEV)

Gültig bis:

Gebäude

Gebäudetyp		
Adresse		
Gebäudeteil		
Baujahr Gebäude		
Baujahr Anlagentechnik[1])		**Gebäudefoto** (freiwillig)
Anzahl Wohnungen		
Gebäudenutzfläche (A_N)		
Erneuerbare Energien		
Lüftung		
Anlass der Ausstellung des Energieausweises	☐ Neubau ☐ Vermietung / Verkauf	☐ Modernisierung (Änderung / Erweiterung) ☐ Sonstiges (freiwillig)

Hinweise zu den Angaben über die energetische Qualität des Gebäudes

Die energetische Qualität eines Gebäudes kann durch die Berechnung des **Energiebedarfs** unter standardisierten Randbedingungen oder durch die Auswertung des **Energieverbrauchs** ermittelt werden. Als Bezugsfläche dient die energetische Gebäudenutzfläche **nach der** EnEV, die sich in der Regel von den allgemeinen Wohnflächenangaben unterscheidet. Die angegebenen Vergleichswerte sollen überschlägige Vergleiche ermöglichen (**Erläuterungen – siehe Seite 4**).

☐   Der Energieausweis wurde auf der Grundlage von Berechnungen des **Energiebedarfs** erstellt. Die Ergebnisse sind auf **Seite 2** dargestellt. Zusätzliche Informationen zum Verbrauch sind freiwillig.

☐   Der Energieausweis wurde auf der Grundlage von Auswertungen des **Energieverbrauchs** erstellt. Die Ergebnisse sind auf **Seite 3** dargestellt.

Datenerhebung Bedarf/Verbrauch durch   ☐ Eigentümer   ☐ Aussteller

☐   Dem Energieausweis sind zusätzliche Informationen zur energetischen Qualität beigefügt (freiwillige Angabe).

Hinweise zur Verwendung des Energieausweises

Der Energieausweis dient lediglich der Information. Die Angaben im Energieausweis beziehen sich auf das gesamte Wohngebäude oder den oben bezeichneten Gebäudeteil. Der Energieausweis ist lediglich dafür gedacht, einen überschlägigen Vergleich von Gebäuden zu ermöglichen.

Aussteller

....
Datum   Unterschrift des Ausstellers

[1]) Mehrfachangaben möglich

ENERGIEAUSWEIS für Wohngebäude

gemäß den §§ 16 ff. Energieeinsparverordnung (EnEV)

Berechneter Energiebedarf des Gebäudes

Adresse, Gebäudeteil

2

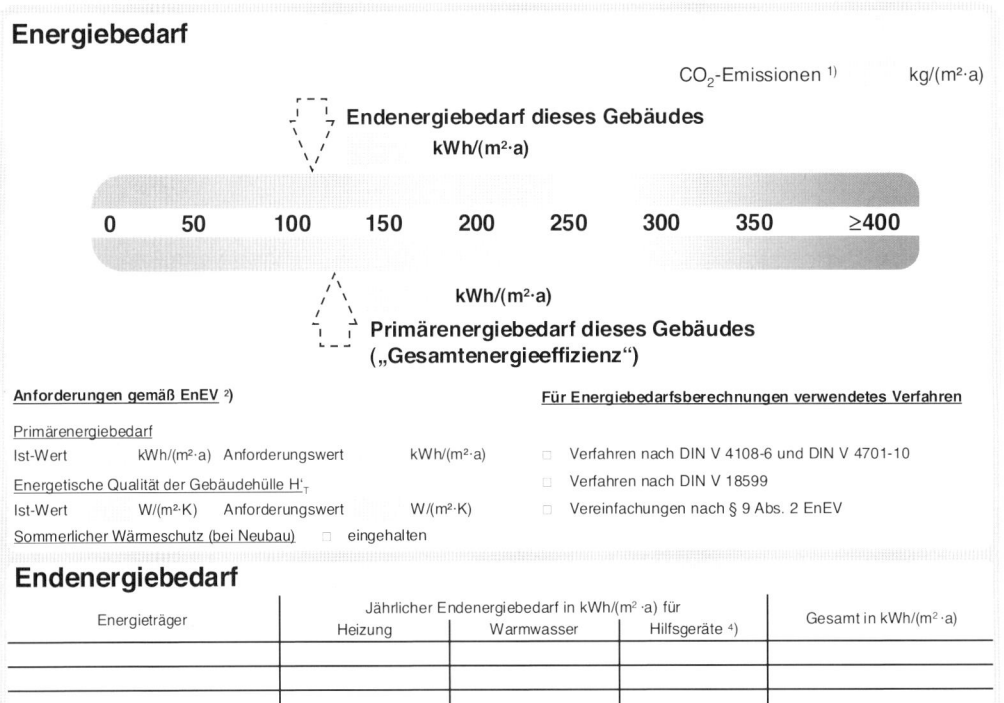

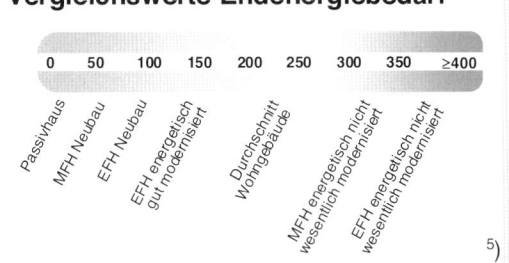

Erläuterungen zum Berechnungsverfahren

Die Energieeinsparverordnung lässt für die Berechnung des Energiebedarfs zwei alternative Berechnungsverfahren zu, die im Einzelfall zu unterschiedlichen Ergebnissen führen können. Insbesondere wegen standardisierter Randbedingungen erlauben die angegebenen Werte keine Rückschlüsse auf den tatsächlichen Energieverbrauch. Die ausgewiesenen Bedarfswerte sind spezifische Werte nach der EnEV pro Quadratmeter Gebäudenutzfläche (A_N).

[1] freiwillige Angabe
[2] bei Neubau sowie bei Modernisierung im Falle des § 16 Abs. 1 Satz 2 EnEV
[3] nur bei Neubau im Falle der Anwendung von § 7 Nr. 2 Erneuerbare-Energien-Wärmegesetz
[4] ggf. einschließlich Kühlung
[5] EFH: Einfamilienhäuser, MFH: Mehrfamilienhäuser

Der Energiebedarfsausweis 3.6

ENERGIEAUSWEIS für Wohngebäude

gemäß den §§ 16 ff. Energieeinsparverordnung (EnEV)

Adresse, Gebäudeteil

Erfasster Energieverbrauch des Gebäudes

3

Energieverbrauchskennwert

Dieses Gebäude: kWh/(m²·a)

0   50   100   150   200   250   300   350   ≥400

Energieverbrauch für Warmwasser: ☐ enthalten   ☐ nicht enthalten

☐ Das Gebäude wird auch gekühlt; der typische Energieverbrauch für Kühlung beträgt bei zeitgemäßen Geräten etwa 6 kWh je m² Gebäudenutzfläche und Jahr und ist im Energieverbrauchskennwert nicht enthalten.

Verbrauchserfassung – Heizung und Warmwasser

Energieträger	Zeitraum		Energie-verbrauch [kWh]	Anteil Warm-wasser [kWh]	Klima-faktor	Energieverbrauchskennwert in kWh/(m²·a) (zeitlich bereinigt, klimabereinigt)		
	von	bis				Heizung	Warmwasser	Kennwert
							Durchschnitt	

Vergleichswerte Endenergiebedarf

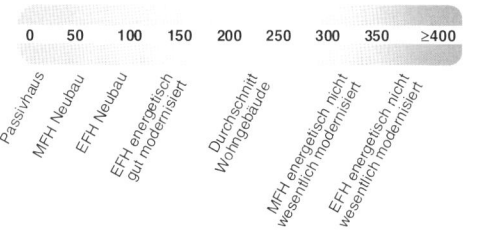

1)

Die modellhaft ermittelten Vergleichswerte beziehen sich auf Gebäude, in denen die Wärme für Heizung und Warmwasser durch Heizkessel im Gebäude bereitgestellt wird.
Soll ein Energieverbrauchskennwert verglichen werden, der keinen Warmwasseranteil enthält, ist zu beachten, dass auf die Warmwasserbereitung je nach Gebäudegröße 20 – 40 kWh/(m²·a) entfallen können.
Soll ein Energieverbrauchskennwert eines mit Fern- oder Nahwärme beheizten Gebäudes verglichen werden, ist zu beachten, dass hier normalerweise ein um 15 – 30 % geringerer Energieverbrauch als bei vergleichbaren Gebäuden mit Kesselheizung zu erwarten ist.

Erläuterungen zum Verfahren

Das Verfahren zur Ermittlung von Energieverbrauchskennwerten ist durch die Energieeinsparverordnung vorgegeben. Die Werte sind spezifische Werte pro Quadratmeter Gebäudenutzfläche (A_N) nach der Energieeinsparverordnung. Der tatsächliche Verbrauch einer Wohnung oder eines Gebäudes weicht insbesondere wegen des Witterungseinflusses und sich ändernden Nutzerverhaltens vom angegebenen Energieverbrauchskennwert ab.

[1] EFH: Einfamilienhäuser, MFH: Mehrfamilienhäuser

ENERGIEAUSWEIS für Wohngebäude
gemäß den §§ 16 ff. Energieeinsparverordnung (EnEV)

Erläuterungen (4)

Energiebedarf – Seite 2
Der Energiebedarf wird in diesem Energieausweis durch den Jahres-Primärenergiebedarf und den Endenergiebedarf dargestellt. Diese Angaben werden rechnerisch ermittelt. Die angegebenen Werte werden auf der Grundlage der Bauunterlagen bzw. gebäudebezogener Daten und unter Annahme von standardisierten Randbedingungen (z. B. standardisierte Klimadaten, definiertes Nutzerverhalten, standardisierte Innentemperatur und innere Wärmegewinne usw.) berechnet. So lässt sich die energetische Qualität des Gebäudes unabhängig vom Nutzerverhalten und der Wetterlage beurteilen. Insbesondere wegen standardisierter Randbedingungen erlauben die angegebenen Werte keine Rückschlüsse auf den tatsächlichen Energieverbrauch.

Primärenergiebedarf – Seite 2
Der Primärenergiebedarf bildet die Gesamtenergieeffizienz eines Gebäudes ab. Er berücksichtigt neben der Endenergie auch die so genannte „Vorkette" (Erkundung, Gewinnung, Verteilung, Umwandlung) der jeweils eingesetzten Energieträger (z. B. Heizöl, Gas, Strom, erneuerbare Energien etc.). Kleine Werte signalisieren einen geringen Bedarf und damit eine hohe Energieeffizienz und eine die Ressourcen und die Umwelt schonende Energienutzung. Zusätzlich können die mit dem Energiebedarf verbundenen CO_2-Emissionen des Gebäudes freiwillig angegeben werden.

Energetische Qualität der Gebäudehülle – Seite 2
Angegeben ist der spezifische, auf die wärmeübertragende Umfassungsfläche bezogene Transmissionswärmeverlust (Formelzeichen in der EnEV H'_T). Er ist ein Maß für die durchschnittliche energetische Qualität aller wärmeübertragenden Umfassungsflächen (Außenwände, Decken, Fenster etc.) eines Gebäudes. Kleine Werte signalisieren einen guten baulichen Wärmeschutz. Außerdem stellt die EnEV Anforderungen an den sommerlichen Wärmeschutz (Schutz vor Überhitzung) eines Gebäudes.

Endenergiebedarf – Seite 2
Der Endenergiebedarf gibt die nach technischen Regeln berechnete, jährlich benötigte Energiemenge für Heizung, Lüftung und Warmwasserbereitung an. Er wird unter Standardklima- und Standardnutzungsbedingungen errechnet und ist ein Maß für die Energieeffizienz eines Gebäudes und seiner Anlagentechnik. Der Endenergiebedarf ist die Energiemenge, die dem Gebäude bei standardisierten Bedingungen unter Berücksichtigung der Energieverluste zugeführt werden muss, damit die standardisierte Innentemperatur, der Warmwasserbedarf und die notwendige Lüftung sichergestellt werden können. Kleine Werte signalisieren einen geringen Bedarf und damit eine hohe Energieeffizienz.
Die Vergleichswerte für den Energiebedarf sind modellhaft ermittelte Werte und sollen Anhaltspunkte für grobe Vergleiche der Werte dieses Gebäudes mit den Vergleichswerten ermöglichen. Es sind ungefähre Bereiche angegeben, in denen die Werte für die einzelnen Vergleichskategorien liegen. Im Einzelfall können diese Werte auch außerhalb der angegebenen Bereiche liegen.

Energieverbrauchskennwert – Seite 3
Der ausgewiesene Energieverbrauchskennwert wird für das Gebäude auf der Basis der Abrechnung von Heiz- und ggf. Warmwasserkosten nach der Heizkostenverordnung und/oder auf Grund anderer geeigneter Verbrauchsdaten ermittelt. Dabei werden die Energieverbrauchsdaten des gesamten Gebäudes und nicht der einzelnen Wohn- oder Nutzeinheiten zugrunde gelegt. Über Klimafaktoren wird der erfasste Energieverbrauch für die Heizung hinsichtlich der konkreten örtlichen Wetterdaten auf einen deutschlandweiten Mittelwert umgerechnet. So führen beispielsweise hohe Verbräuche in einem einzelnen harten Winter nicht zu einer schlechteren Beurteilung des Gebäudes. Der Energieverbrauchskennwert gibt Hinweise auf die energetische Qualität des Gebäudes und seiner Heizungsanlage. Kleine Werte signalisieren einen geringen Verbrauch. Ein Rückschluss auf den künftig zu erwartenden Verbrauch ist jedoch nicht möglich; insbesondere können die Verbrauchsdaten einzelner Wohneinheiten stark differieren, weil sie von deren Lage im Gebäude, von der jeweiligen Nutzung und vom individuellen Verhalten abhängen.

Gemischt genutzte Gebäude
Für Energieausweise bei gemischt genutzten Gebäuden enthält die Energieeinsparverordnung besondere Vorgaben. Danach sind - je nach Fallgestaltung - entweder ein gemeinsamer Energieausweis für alle Nutzungen oder zwei getrennte Energieausweise für Wohnungen und die übrigen Nutzungen auszustellen; dies ist auf Seite 1 der Ausweise erkennbar (ggf. Angabe „Gebäudeteil").

3.7 Überprüfung der Anbieter

Die Erfahrung zeigt leider, dass Sie neben dem Angebot selbst auch den Anbieter, also den Bauträger vor Vertragsschluss gut überprüfen sollten. Kaufen Sie ein Fahrzeug neu, haben Sie es im Wesentlichen mit einem »Marken-Markt« zu tun, d.h. praktisch alle Hersteller von Fahrzeugen weltweit sind eingeführte und bekannte Marken. Qualitäten und Probleme der einzelnen Marken haben sich teilweise über Jahrzehnte herumgesprochen und die Angebote liegen einigermaßen transparent und abschätzbar vor Ihnen. Dies ist beim Hauskauf vom Bauträger vollkommen anders. Sie stehen einem teilweise sehr kleingliedrigen Markt gegenüber, mit Bauträgern, die nur wenige Häuser pro Jahr realisieren und im Zweifel auch ein Insolvenzverfahren ihres Unternehmens in Kauf nehmen, um Haftungsansprüchen zu entgehen, denn nichts ist einfacher, als ein Unternehmen aufzulösen und parallel wieder ein neues zu gründen, wenn dieses Vorgehen vor Haftungsschäden schützen kann. Dann wieder können Sie mit Bauträgerunternehmen konfrontiert sein, deren Personal, um es vorsichtig zu formulieren, vom Bauen nicht allzu viel versteht. Teilweise fehlen fundamentale Sachkenntnisse zu einzelnen DIN-Normen, Verordnungen oder technischen Vorschriften. Und natürlich ist es auch wichtig, etwas über die Kundenzufriedenheit ehemaliger Kunden zu erfahren und zur finanziellen Situation des Unternehmens.

Um mehr über die Kundenzufriedenheit zu erfahren, können Sie den Bauträger fragen, wo überall er schon Objekte realisiert hat. Sie können dann dort vorbeischauen, sich den ein oder anderen Namen an Klingelschildern notieren und später von zu Hause aus bei diesen Personen, die ja die ehemaligen Kunden des Bauträgers sind, einmal anrufen. Dieses Vorgehen hat den Vorteil, dass Sie den Bauträger nicht nach Referenzadressen ehemaliger Bauherren fragen müssen. Erstens ist dies eine Frage, die viele Kaufwillige scheuen und zweitens wird er Ihnen, wenn überhaupt, ohnehin nur Adressen von Kunden benennen, die zufrieden mit ihm waren. Fragen Sie ihn hingegen, wo überall er schon gebaut hat, wird er Ihnen dies wahrscheinlich stolz berichten.

Bezüglich der finanziellen Situation des Bauträgers ist die Einholung von Informationen über eine sogenannte Wirtschaftsauskunftei sinnvoll. Wirtschaftsauskunfteien sind Unternehmen, die die wirtschaftliche Situation anderer Unternehmen überprüfen. So bietet beispielsweise der Bauherrenschutzbund (www.bsb-ev.de) in Zusammenarbeit mit solchen Wirtschaftsauskunfteien einen Auskunftsservice für private Bauherren an, um ihnen möglichst tiefe Einblicke in die wirtschaftliche Situation des Bauträgerunternehmens zu geben.

Natürlich sind nicht alle Bauträgerunternehmen schwarze Schafe, aber Sie wissen eben nie, mit wem Sie es zu tun haben und sollten daher vorsichtig sein. Eine Ausnahme bilden im Grunde nur die kommunalen Wohnbauunternehmen und genossenschaftlich organisierte Bauvereine. Kommunale Wohnbauunternehmen befinden sich im Besitz von Gemeinden oder Städten und sind dadurch öffentlich kontrolliert. Genossenschaftliche Bauvereine befinden sich letztlich im Besitz der Anteilseigener, also der Genossen, die ihr Unternehmen sozusagen selbst kontrollieren. Diese Unternehmen heben sich von den übrigen Bauträgern in Beratungs-, Planungs- und Baudurchführungsleistungen in aller Regel deutlich ab. Sie verfügen meist über erfahrenes Fachpersonal und eine seriöse wirtschaftliche Führung.

4.0 Die Angebotsprüfung einer gebrauchten Immobilie vom Makler oder von Privat

Auch gebrauchte Immobilien müssen vor dem Kauf sorgsam überprüft werden. Man hat bei Bestandsimmobilien im Gegensatz zu projektierten Immobilien allerdings den großen Vorteil, dass man sie begehen und besichtigen kann und sich so einen Eindruck von der Bauqualität, dem Zustand der technischen Installationen, der Grundrissaufteilung und den Raumdimensionen machen kann.

4.1 Angebote von Immobilienmaklern und Privatverkäufern

Angebote für Bestandsimmobilien erhalten Sie in aller Regel entweder von Immobilienmaklern oder von Privat. Manchmal jedoch auch von Bauträgern, zum Beispiel dann, wenn diese eine gebrauchte Immobilie sanieren und dann saniert verkaufen. Dies ist aber meist nur dann der Fall, wenn ein größeres Haus in Eigentumswohnungen aufgeteilt wird und diese dann einzeln verkauft werden. Einzelne Bestandsgebäude zu sanieren und dann zu verkaufen ist für Bauträger eher uninteressant, weil die Gewinnmarge verglichen mit dem Aufwand zu niedrig wäre.

Immobilienmakler vermitteln die Objekte im Auftrag der Besitzer. Die Maklercourtage, also die Provision, die der Makler erhält, bewegt sich zwischen drei und sechs Prozent des Verkaufspreises des Hauses. Meist erhält der Makler diese Courtage vom Käufer, manchmal aber auch vom Verkäufer und hin und wieder wird sie zwischen beiden Seiten aufgeteilt. Bevor Sie bei einem Makler anrufen und sich mögliche Objekte benennen lassen und besichtigen, ist es wichtig, dass Ihnen die Konsequenzen bewusst sind. Wenn Sie eine Immobilie durch den Makler kennen lernen, ist er berechtigt, von Ihnen eine Maklercourtage zu verlangen, soweit Sie nicht eine schriftliche Bestätigung seinerseits vorweisen können, dass für die Vermittlung des betreffenden Objektes keine Maklercourtage für den Käufer anfällt.

Selbst also, wenn Sie das identische Objekt später über einen anderen Makler kaufen, können Ihnen theoretisch alle Makler, die Ihnen das Objekt ebenfalls angeboten haben, eine Maklercourtage in Rechnung stellen. Es kann Ihnen also passieren, dass Sie plötzlich mit Abrechnungen mehrerer Makler konfrontiert sind. Daher ist beim Umgang mit Immobilienmaklern grundsätzlich große Vorsicht geboten. Bevor Sie für die Haussuche einen Makler einschalten oder bezüglich eines Angebots auf einen Makler zugehen, muss Ihnen klar sein, dass für die betreffenden Objekte später sehr wahrscheinlich eine Courtage anfällt.

Gehen Sie auf mehrere Makler zu, sollten Sie den jeweiligen Makler zunächst befragen, ob er der einzige Vermittler der von ihm angebotenen Immobilien ist und sich dies auch schriftlich bestätigen lassen.

Soweit Sie also ein Objekt, das Ihnen ein Makler anbietet, bereits kennen, sollten Sie ihn unverzüglich und schriftlich auf diesen Umstand hinweisen und sich nach Möglichkeit auch schriftlich bestätigen lassen, dass er dies akzeptiert und keinen Provisionsanspruch geltend machen wird. Ist er dazu nicht bereit, sollten Sie von der Inanspruchnahme dieses Maklers Abstand nehmen.

Wenn Sie eine Immobilie ohne Vermittlung durch einen Makler direkt von privat kaufen, entsteht keine Maklercourtage.

Unabhängig davon, ob Sie eine Immobilie über einen Makler oder von privat kaufen, ist es immer wichtig, dass Sie den Verkaufsgrund der Immobilie erfahren. Wird das Haus verkauft, weil beispielsweise ein Ortswechsel aufgrund eines Arbeitsplatzwechsels ansteht oder sind ein feuchter Keller oder gar eine neue Umgehungsstraße, die in der Nähe entsteht, Grund des Verkaufs?

4.2 Qualitätseinschätzung von Bestandsimmobilien nach Baujahren

Eine gute Möglichkeit, sich als Laie einen groben Überblick über die wahrscheinlich vorhandene Bausubstanz zu machen, ist, noch vor dem Besichtigungstermin nach dem Baujahr des Gebäudes zu fragen. Das Baujahr eines Gebäudes gibt Aufschluss über typische Konstruktionsweisen und auch Probleme. Die nachfolgende Tabelle gibt Ihnen, nach Baujahren geordnet, einen Überblick über die häufigsten Probleme.

Bei sanierten oder modernisierten Altbauten kann die Qualitätseinschätzung kompliziert werden. Denn zum einen können noch baujahrsbedingte Probleme vorhanden sein, die jedoch durch die Sanierungs- oder Modernisierungsmaßnahmen verdeckt wurden, zum anderen können je nach Zeitpunkt der Sanierung zusätzliche baujahrsbedingte Probleme dieser Zeit hinzu kommen (z.B. Schadstoffeintrag im Rahmen der Sanierung). Kommt ein solches Gebäude in die engere Wahl, sollte auf jeden Fall ein Sachverständiger (siehe Anhang) eingeschaltet werden, der das Gebäude unter diesen Gesichtspunkten besichtigt.

4.3 Richtige Besichtigung einer Bestandsimmobilie

Wenn Sie eine gebrauchte Immobilie kaufen, stehen Sie vor dem Problem, dass Sie sich bei zwei, drei, vielleicht vier Besichtigungsterminen einen Eindruck vom Zustand der Immobilie verschaffen müssen. Dies ist für Laien eine eigentlich nicht zu bewältigende Aufgabe. Daher ist es einerseits wichtig, dass Sie die nachfolgenden Checklisten zur Überprüfung des Zustandes einer Bestandsimmobilie aufmerksam durchlesen und gegebenenfalls auch an der Immobilie, in der Sie gegenwärtig wohnen einmal durchspielen, um ein Gefühl für eine strukturierte Besichtigung zu erhalten. Andererseits ist es sinnvoll, bereits relativ früh Kontakt zu Fachleuten aufzunehmen, also beispielsweise einen bezüglich Gebäudemodernisierung erfahrenen Architekten oder Bauingenieur, der oder die Sie bei einer Hausbesichtigung begleiten können. Es ist sinnvoll, einen solchen Auftrag an einen Fachmann schriftlich zu erteilen und in den Auftrag auch das Ziel des Auftrags exakt aufzunehmen, denn dann ist auch klar, für was der Fachmann im Zweifel haftet. Beauftragen Sie ihn mit der Begutachtung einer Immobilie, um festzustellen, ob die Immobilie bauliche Mängel oder Schäden aufweist, haftet der Fachmann im Zweifel für den Schaden, der Ihnen entsteht, wenn er Mängel übersehen hat. Fachleute finden Sie zum Beispiel im Branchenfernsprechbuch »Gelbe Seiten« oder bei den Industrie- und Handelskammern unter www.svv.ihk.de

Mindestens drei Voraussetzungen im Falle von Besichtigungen sollten außerdem gegeben sein:

- Tageslicht
- gutes Wetter
- ausreichend Zeit.

Sie sollten Ihren Besichtigungstermin also weder in die frühen Abendstunden legen, noch eine halbe Stunde vor Arbeitsbeginn einplanen. Hilfreich ist ferner, wenn Sie sich vorab bereits die Grundrisspläne schicken lassen, weil Sie sich dann beim Besichtigungstermin viel schneller orientieren können.

Sinnvoll ist auch eine immer gleiche Vorgehensweise bei Hausbesichtigungen, also zunächst das Äußere des Gebäudes und die Außenanlage anzusehen, danach das Innere des Gebäudes vom Keller bis zum Dach immer im oder gegen den Uhrzeigersinn.

Ab Seite 64 finden Sie umfassende Checklisten für die Besichtigung von Bestandsimmobilien.

Hauptsächliche Baustoff- und Konstruktionsprobleme
Kellerfundamente und Wände ohne ausreichend Abdichtung
(Vor allem Keller-) Wände aus Bruchstein
Verrostete Stahlträger in Decken oder Gewölbekellern
Teilweise bereits gealterte und korrodierte Sanitärinstalationen
Undichte Gasleitungen
Veraltete, teilweise dezentral (raumweise) ausgelegte Heizungssysteme mit veraltetem und für moderne Feuerungsanlagen falsch dimensioniertem Rauchabzugssystem
Gealterte Elektroinstallation
Veraltete Geschossdeckenausbildung in Holz (mitunter von Feuchte und Fäulnis befallen)
Veraltete Geschossdeckenausbildung in Ziegel-Betonstein
Ungedämmte Dachstühle
Flachdächer mit vielfach fehlerhafter Ausführung
Fehlender oder unvollständiger Schallschutz (an Türen, Treppen, Zwischendecken, Innenwänden etc.)
Fehlender oder unvollständige Wärmeschutz
Teilweise fehlender Brandschutz (z.B. durch nicht vorhandene Brandschutztüren oder fehlende Anfahrmöglichkeiten für die Feuerwehren)
Teilweise von ölhaltigen Anstrichen, vornehmlich in Bädern und Küchen
Teilweise Einsatz teerhaltiger Baustoffe (z.B. als Parkettkleber)
Teilweise Einsatz von Asbest (z.B. bei Asbestzementplatten im Trockenbau)
Teilweise Einsatz von Mineralwolle (z.B. bei Dachdämmungen), deren Faserlängen und -dicken sehr klein und damit lungengängig sind
Teilweise Einsatz von formaldehydhaltigen Holzbauteilen
Teilweise Einsatz von gesundheitsgefährdenden Holzschutzmitteln (z.B. zur Behandlung von Holzverkleidungen an Decken und Wänden)

Bis 1920	1920–1940	1950	1960–1970	1980–heute
•	•	•	•	
•	•	•		
•	•			
•	•	•	•	
•	•	•		
•	•	•	•	
•	•	•		
•	•	•		
•	•	•		
•	•	•	•	•
	•	•	•	
•	•	•	•	
•	•	•	•	
•	•	•	•	
•	•	•		
•	•	•		
		•	•	
		•	•	•
		•	•	•
	•	•	•	•

4.0 Die Angebotsprüfung einer gebrauchten Immobilie

Abb. 11:
Defekte Außenjalousien

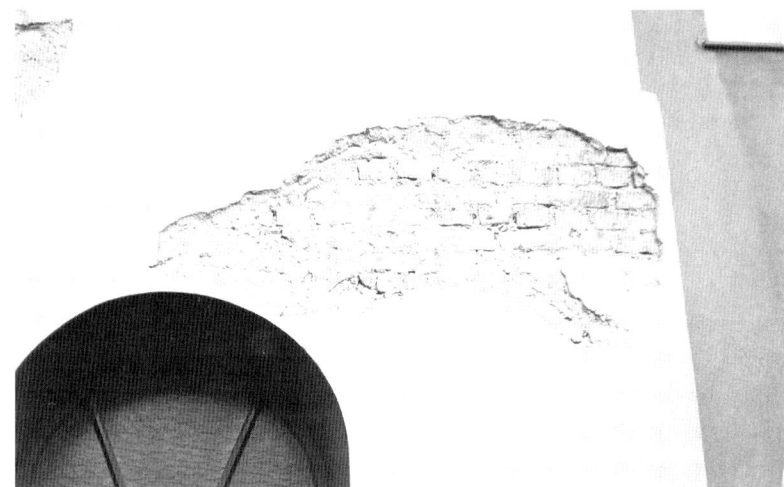

Abb. 12:
Loser Wandputz

Abb. 13:
Undichte
Regenwasserleitung

Richtige Besichtigung einer Bestandsimmobilie 4.3

Abb. 14:
Lose Dachziegel

Abb. 15:
Poröse Dachabdichtung

Abb. 16:
Veraltete
Holzbalkendecke

Abb. 17:
Alter Öltank

Abb. 18:
Alter Heizkörper

Abb. 19:
Alte Gaseinzelöfen

Richtige Besichtigung einer Bestandsimmobilie 4.3

Abb. 20:
Alter Durchlauferhitzer

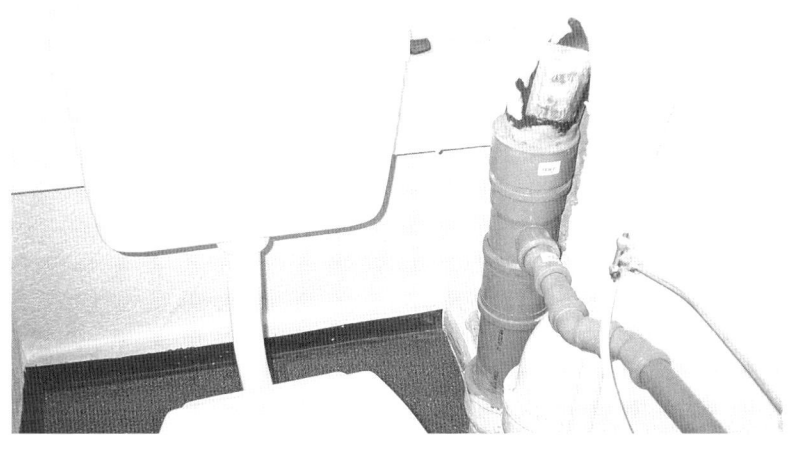

Abb. 21:
Veraltete Abwasserleitungen

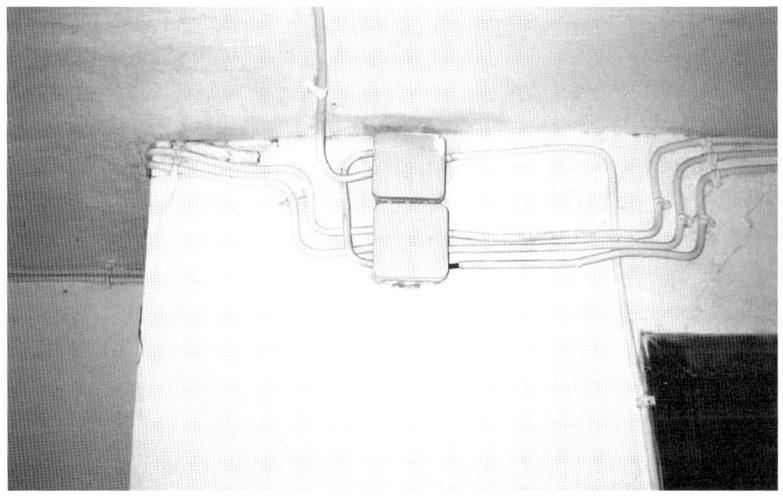

Abb. 22:
Veraltete Elektroinstallation

Foto des besichtigten Objekts

Straße und Haus-Nr.: _____

PLZ und Ort: _____
_____

Name der Kontaktperson: _____

Adresse der Kontaktperson: _____

Telefon-Nr. der Kontaktperson: _____

Abb. 23: Checkliste Hausbesichtigung

Teil A: Außenbesichtigung

Allgemeines

1.0 Außenwände

1.1 Aus welchem Material sind die Außenwände?
  ☐ Holz
  ☐ Stein
  ☐ Beton

1.2 Bei Holz: Holzart und Wandaufbau _____

1.3 Bei Stein: Steinart und Wandaufbau: _____

  ☐ Isolierung / Wärmeschutz vorhanden

  ☐ Zweischalige Außenwand vorhanden

1.4 Bei Keller: Aus welchem Material sind die Kellerwände?
  ☐ Beton
  ☐ Stein (exakte Steinart)

1.5 Mit welchen Systemen sind Kellerwände und Fundamentplatte gegen Feuchtigkeit abgedichtet?
  ☐ Bodensperrschicht (Bestehend aus Kiesschicht, Folie bzw. Schweißbahn, Betonboden)
  ☐ Horizontalsperrschicht (Bestehend aus z.B. einer Dachpappenbahn oberhalb der ersten Steinlage, die von dort hinunter auf die Fußbodensperrschicht geführt wird)
  ☐ Vertikale Kelleraußenwandsperrschicht auf voller Kellerwandhöhe (Bestehend aus Zementmörtel, bitumengebundener Anstrich oder zementgebundener Dichtungsschlämme inklusive Hohlkehlenausbildung am Fundamentsockel, Dränschicht, Filtervlies, Kiesschüttung, umlaufendes Dränagerohr)
  ☐ Außensperrputz im Sockelbereich gegen Spritzwasser
  ☐ unbekannt, keine Angaben

Teil A: Außenbesichtigung	keine	einige	viele
Schäden / schadhafte Teile / Probleme			
1.0 Außenwände			
1.6 Gibt es Stellen im Sockelbereich, die feucht sind?	☐	☐	☐
1.7 Hat der Sockelbereich Risse?	☐	☐	☐
1.8 Gibt es um den Sockelbereich herum Stellen, an denen eine Dränage oder Kiesverfüllung vollkommen fehlt?	☐	☐	☐
1.9 Gibt es Stellen, an denen das Erdreich ohne Schutz direkt an die Hauswand läuft?	☐	☐	☐
1.10 Gibt es in Mauerwerk und Putz Risse?	☐	☐	☐
1.11 Gibt es Stellen, an denen die Ziegelreihen des Außenmauerwerks nicht geradlinig verlaufen?	☐	☐	☐
1.12 Gibt es Stellen, an denen der Mörtel zwischen den Ziegelreihen porös bzw. mürbe ist (Kratztest)?	☐	☐	☐
1.13 Gibt es lose bzw. hohle Stellen unter dem Putz (Klopftest)?	☐	☐	☐
1.14 Bei Wandverkleidungen aus Holzschindeln: Gibt es verwitterte oder lose Schindeln?	☐	☐	☐
1.15 Gibt es Bereiche, wo die Unterkonstruktion der Schindeln zu sehen ist?	☐	☐	☐
1.16 Gibt es in der Unterkonstruktion morsche oder verfaulte Latten?	☐	☐	☐
1.17 Gibt es an Mauerwerksstellen unterhalb von Dachüberständen, Regenrinnen, Fenstern etc. Flecken durch Feuchtigkeit?	☐	☐	☐
1.18 Gibt es bröckelige und mürbe Wandziegel?	☐	☐	☐
1.19 Befinden sich weiße Ablagerungen an alten Mauern?	☐	☐	☐
1.20 Gibt es Lüftungsziegel und Lüftungsöffnungen, die undurchlässig oder verstopft sind?	☐	☐	☐
1.21 Gibt es Putzschienen an den Haus- und Fensterkanten etc. die nicht eingeputzt sind bzw. hervorschauen?	☐	☐	☐
1.22 Bei Gebäuden mit außenliegender Wärmedämmung: Gibt es Stellen, an denen der Vollwärmeschutz durch Undichtigkeiten hinsichtlich eindringender Feuchtigkeit gefährdet ist (offene oder gerissene Fugen etc.)?	☐	☐	☐
2.0 Türen, Fenster			
2.1 Gibt es Türen, die schief im Rahmen sitzen oder schleifen?	☐	☐	☐
2.2 Sind Türbänder zu erkennen, die rosten oder aus dem Rahmen brechen?	☐	☐	☐
2.3 Bei Holztüren: Gibt es Stellen, die einen verwitterten Eindruck machen?	☐	☐	☐
2.4 Sind Stellen mit Anzeichen von Fäulnis erkennbar?	☐	☐	☐
2.5 Bei Kunststofftüren: Gibt es Stellen, die einen stumpfen oder vergilbten Eindruck machen?	☐	☐	☐

Richtige Besichtigung einer Bestandsimmobilie 4.3

Teil A: Außenbesichtigung Schäden / schadhafte Teile / Probleme	keine	einige	viele
2.0 Türen, Fenster			
2.6 Bei Metalltüren: Gibt es Stellen, die verbogen sind oder rosten?	☐	☐	☐
2.7 Gibt es Fenster, die keine Isolierglasscheiben haben?	☐	☐	☐
2.8 Sind Fenster zu erkennen, die schief im Rahmen sitzen?	☐	☐	☐
2.9 Sind Fensterbänder zu erkennen, die rosten oder aus dem Rahmen brechen?	☐	☐	☐
2.10 Bei Holzfenstern: Gibt es Stellen, die einen verwitterten Eindruck machen?	☐	☐	☐
2.11 Sind Stellen mit abplatzendem Lack erkennbar?	☐	☐	☐
2.12 Bei Kunststofffenstern: Gibt es Stellen, die einen stumpfen oder vergilbten Eindruck machen?	☐	☐	☐
2.13 Bei Metallfenstern: Gibt es Stellen, die verbogen sind oder rosten?	☐	☐	☐
2.14 Gibt es Fenstergläser mit Kratzern, Sprüngen oder Blindstellen?	☐	☐	☐
3.0 Rollläden, Klappläden			
3.1 Sind Rollläden erkennbar, die sich nicht vollständig öffnen und schließen lassen?	☐	☐	☐
3.2 Sind Rollläden erkennbar, die schief hängen?	☐	☐	☐
3.3 Gibt es Rollläden, die stark ausgebleicht sind?	☐	☐	☐
3.4 Gibt es Rollläden, deren Lamellen einen mürben Eindruck machen?	☐	☐	☐
3.5 Bei Holzrollläden: Gibt es Rollläden, die einen verwitterten Eindruck machen?	☐	☐	☐
3.6 Gibt es Rollläden, bei denen in größerem Umfang Farbe abgeplatzt ist?	☐	☐	☐
3.7 Gibt es verbogene oder beschädigte Rollladenlaufschienen?	☐	☐	☐
3.8 Gibt es Rollladenlaufschienen, die rostig sind?	☐	☐	☐
3.9 Gibt es verbogene oder rostende Rollladenlamellenklammern?	☐	☐	☐
3.10 Gibt es Rollläden, die sich nicht vollständig öffnen und schließen lassen?	☐	☐	☐
3.11 Sind Klappläden erkennbar, die schief hängen?	☐	☐	☐
3.12 Gibt es Klappläden, die stark ausgebleicht sind?	☐	☐	☐
3.13 Gibt es Klappläden, die einen verwitterten Eindruck machen?	☐	☐	☐
3.14 Gibt es Klappläden, bei denen in größerem Umfang Farbe abgeplatzt ist?	☐	☐	☐
3.15 Gibt es Klapplädenbänder (Scharniere), die verbogen oder beschädigt sind?	☐	☐	☐
3.16 Gibt es Klapplädenbänder, die rostig sind?	☐	☐	☐

Teil A: Außenbesichtigung			
Schäden / schadhafte Teile / Probleme	keine	einige	viele
4.0 Außenbauteile (Terrassen, Balkone, Loggien, Treppen etc.)	☐	☐	☐
4.1 Gibt es Stellen mit losem oder bröckeligem Mörtel?	☐	☐	☐
4.2 Gibt es Stellen mit losem oder bröckeligem Fliesen- / Steinbelag?	☐	☐	☐
4.3 Gibt es Schwachpunktstellen bei der Montage von Metall in Beton (z.B. Geländerfüße rostig etc.)?	☐	☐	☐
4.4 Ist das Geländer an bestimmten Stellen rostig?	☐	☐	☐
4.5 Gibt es Stellen mit problematischen Bodenanschlüssen an Außentüren (Undichtigkeiten, Feuchte etc.)?	☐	☐	☐
4.6 Haben die Terrassen, Balkone und Treppen defekte Wasserabflüsse (Gefälle, Tropfkanten, Abläufe etc.)?	☐	☐	☐
5.0 Dach, Dacheindeckung, Regenrinnen, Kamine, Gauben			
5.1 Gibt es Stellen, an denen die Dachfirstlinie stark von der Ideallinie einer Geraden abweicht?	☐	☐	☐
5.2 Sehen Sie lose Dachziegel oder Schieferplatten etc.?	☐	☐	☐
5.3 Gibt es Stellen mit unvollständiger Dachdeckung (fehlende Ziegel, beschädigte Ziegel)?	☐	☐	☐
5.4 Gibt es stark verwitterte, mürbe, gebrochene oder zersetzte Ziegel?	☐	☐	☐
5.5 Sind die Firstziegel gut vermörtelt (Fernglas)?	☐	☐	☐
5.6 Gibt es korrodierte oder lose Metalldächer oder Vordächer (Rütteltest)?	☐	☐	☐
5.7 Gibt es korrodierte oder gerissene Kaminverwahrungen (Übergangsbleche von Kamin auf Dachfläche) bzw. Gaubenverblechungen?	☐	☐	☐
5.8 Hat der Schornstein Schäden (Ausblühungen, Risse, schiefer Stand)?	☐	☐	☐
5.9 Sind Dachkehlen von Verstopfungen, Korrosion oder Rissen betroffen?	☐	☐	☐
5.10 Gibt es durchhängende Regenrinnen, in denen Wasser steht?	☐	☐	☐
5.11 Gibt es Undichtigkeiten an den Regenfallrohren?	☐	☐	☐
5.12 Sind an Regenrinnen Schäden erkennbar (Defekt, rostig, nicht ausreichend befestigt)?	☐	☐	☐
5.13 Gibt es Verstopfungen der Regenrinnen (Blätter, Gegenstände)?	☐	☐	☐
6.0 Zusatzbauten (Garagen, Schuppen, Gartenmauern etc.)			
6.1 Gibt es Schäden an der Zufahrt (Schlaglöcher, keine ausreichende Befestigung des Fahrflächenbelags etc.)?	☐	☐	☐
6.2 Gibt es feuchte Stellen im Mauerwerk von Garagen?	☐	☐	☐
6.3 Gibt es undichte Stellen im Garagendach?	☐	☐	☐
6.4 Gibt es verwitterte oder korrodierte Türen?	☐	☐	☐

Teil A: Außenbesichtigung Schäden / schadhafte Teile / Probleme	keine	einige	viele
6.0 Zusatzbauten (Garagen, Schuppen, Gartenmauern etc.)			
6.5 Gibt es verwitterte oder korrodierte Fenster?	☐	☐	☐
6.6 Gibt es Türen, Fenster oder Tore, die nicht abschließbar sind?	☐	☐	☐
6.7 Gibt es elektrische Bedienungen (Tor-, Türöffnungen), die nicht oder nicht gut funktionieren (vorführen lassen)?	☐	☐	☐
6.8 Gibt es faulige Stellen bei Holz-Car-Ports?	☐	☐	☐
7.0 Garten			
7.1 Gibt es Pflanzen mit sichtbaren Anzeichen von Krankheiten?	☐	☐	☐
7.2 Gibt es Gartenwege ohne ausreichende Befestigung?	☐	☐	☐
7.3 Gibt es korrodierte, verwitterte oder kaputte Zäune und Tore?	☐	☐	☐
7.4 Gibt es defekte oder korrodierte Elemente einer Gartenbeleuchtung?	☐	☐	☐

Teil B: Innenbesichtigung I. Keller		keine	einige	viele
Allgemeines bzw. **Schäden / schadhafte Teile / Probleme**				
8.0	**Hausanschlussraum**			
8.1	Gibt es feuchte oder undichte Stellen bei den Rohr- und Kabeldurchgängen vom öffentlichen Netz durch die Kellerwand ins Haus?	☐	☐	☐
8.2	Gibt es Rost oder Verkrustungen an Rohren (Hinweis auf undichte Stellen)?	☐	☐	☐
8.3	Gibt es Leitungen, Hähne und Ventile ohne Kennzeichnung (Reparatur, Wartung, Außerbetriebnahme, Inbetriebnahme etc.)?	☐	☐	☐
8.4	Hat der Raum Platzprobleme für Nachrüstungen (z.B. Fernwärmeanschluss etc.)	☐	☐	☐
8.5	Gibt es Stellen mit muffigem Geruch (hohe Raumluftfeuchte, Korrosionsgefahr)?	☐	☐	☐
8.6	Gibt es Risse in den Grundmauern?	☐	☐	☐
8.7	Gibt es Risse im Boden-Wandanschluss?	☐	☐	☐
9.0	**Heizungszentrale und Brennstofflager**			
	(Neben den nachfolgend aufgeführten speziellen Prüfpunkten müssen in Heizungsräumen und Brennstofflagern zusätzlich auch die allgemeinen Prüfpunkte für Kellerräume beachtet werden – siehe Punkt 11.)			
9.1	Welches Heizsystem ist im betreffenden Haus installiert? ☐ Zentralheizung ☐ Raumweise Einzelfeuerungsanlagen			
9.2	Welches Betriebssystem ist im betreffenden Haus installiert? ☐ Gasbrenner mit Heizkessel ☐ Ölbrenner mit Heizkessel ☐ Heizkesselanlage für Festbrennstoffe ☐ Fernwärme mit Übergabestation ☐ Sonstiges:			
9.3	Bei Brennerheizung: Welches Baujahr hat der Brenner? Welcher Typ welches Herstellers ist eingebaut?			
9.4	Welches Baujahr hat der Heizkessel? Welcher Typ welches Herstellers ist eingebaut?			
9.5	Bei Fernwärmeheizung: Welches Baujahr hat die Fernwärmeübergabestation? Welcher Typ welches Herstellers ist eingebaut?			
9.6	Bei Festbrennstoff-Heizkesselheizung: Welches Baujahr hat der Festbrennstoffkessel? Welcher Typ welches Herstellers ist eingebaut?			

Richtige Besichtigung einer Bestandsimmobilie 4.3

Teil B: Innenbesichtigung I. Keller				
Allgemeines bzw. Schäden / schadhafte Teile / Probleme		keine	einige	viele
9.0	**Heizungszentrale und Brennstofflager**			
9.7	Wann wurde die letzte Wartung durchgeführt und durch wen (Heizungsfachbetrieb)?			
9.8	Gibt es einen Wartungsvertrag (Lassen Sie ihn sich zeigen)?			
9.9	Ist die Heizung zum Zeitpunkt Ihrer Besichtigung in Betrieb?			
9.10	Macht sie ungewöhnliche Geräusche oder hat sie eher einen runden Lauf?			
9.11	Steht die Brenneranlage mit Kessel auf einem schallgedämmten Fundament?			
9.12	Bei Ölheizung: Welches Fassungsvolumen hat der Öltank?			
9.13	Ist der Öltank im Keller untergebracht oder außerhalb des Hauses (z.B. unterirdisch im Gartenbereich)?			
9.14	Gibt es korrodierte oder undichte Stellen am Tank?	☐	☐	☐
9.15	Gibt es undichte Hähne oder Ventile am Tank?	☐	☐	☐
9.16	Gibt es Funktionsstörungen der Messuhr am Tank?	☐	☐	☐
9.17	Gibt es korrodierte oder undichte Stellen an den Zuleitungen zum Brenner?	☐	☐	☐
9.18	Gibt es undichte Hähne oder Ventile an den Zuleitungen zum Brenner?	☐	☐	☐
9.19	Gibt es Stellen, die stark nach Öl riechen?	☐	☐	☐
9.20	Gibt es Funktionsstörungen des Alarmsystems bei Tanklecks?	☐	☐	☐
9.21	Gibt es Funktionsstörungen der Füllstandsanzeige des Tanks?	☐	☐	☐
9.22	Wie alt ist der Tank?			
9.23	Gab es Reparaturen am Tank?			
9.24	Wann wurde der Tank das letzte Mal gereinigt?			
9.25	Ist die Betankungsanlage von außen einfach zugänglich aber gut sicherbar?			
9.26	Ist der Tankraum ausreichend gegen auslaufendes Öl gesichert?			
9.27	Wie alt sind die Heizungspumpen und von welchem Hersteller sind sie?			
9.28	Wie alt sind die Heizungsrohre und aus welchem Material sind sie?			
9.29	Gibt es funktionierende Sicherheitseinrichtungen, wie ein Ausdehnungsgefäß und Sicherheitsventile?			
9.30	Gibt es Risse in den Grundmauern?	☐	☐	☐
9.31	Gibt es Risse im Boden-Wandanschluss?	☐	☐	☐
9.32	Gibt es Kupferleitungen, die zusammen mit verzinkten Leitungen verbaut sind (Korrosionsgefahr)?	☐	☐	☐
9.33	Gibt es Durchlüftungsprobleme aufgrund einer zu geringen Anzahl oder zu kleiner Fenster?	☐	☐	☐

Teil B: Innenbesichtigung I. Keller		keine	einige	viele
Allgemeines bzw. Schäden / schadhafte Teile / Probleme				
10.0	**Waschküchen**			
	(Neben den nachfolgend aufgeführten speziellen Prüfpunkten müssen in Waschküchen zusätzlich auch die allgemeinen Prüfpunkte für Kellerräume beachtet werden – siehe Punkt 11.)			
10.1	Gibt es Stellen, die so beschaffen sind, dass sie keinen ausreichenden Wasserschutz bieten (ohne wasserfesten Farbanstrich, nicht gefliest etc.)?	☐	☐	☐
10.2	Gibt es Risse in den Grundmauern?	☐	☐	☐
10.3	Gibt es Risse im Boden-Wandanschluss?	☐	☐	☐
10.4	Gibt es tiefe Bodenbereiche ohne Bodenablauf?	☐	☐	☐
10.5	Gibt es Rost oder Verkrustungsspuren am Bodenablauf?	☐	☐	☐
10.6	Gibt es Probleme beim Wasserabfluss (gießen Sie einen Eimer Wasser über dem Bodeneinlauf aus und beobachten Sie die Abflussgeschwindigkeit)?	☐	☐	☐
10.7	Gibt es Wasseranschlussprobleme für das Stellen einer Waschmaschine?	☐	☐	☐
10.8	Gibt es ein Platzproblem für ein erhöhtes Podest als Stellplatz für die Waschmaschine (Schutz der Maschine vor auslaufendem Wasser)?	☐	☐	☐
10.9	Gibt es ein Wasseranschlussproblem für ein Handwaschbecken?	☐	☐	☐
10.10	Soweit bereits vorhanden: Gibt es helle, metallische Geräusche beim Öffnen eines Hahnes (Hinweis auf Druckprobleme in den Leitungen)?	☐	☐	☐
10.11	Gibt es Hähne ohne ausreichenden Wasserfluss?	☐	☐	☐
10.12	Gibt es undichte Hähne?	☐	☐	☐
10.13	Gibt es Waschbecken mit schlechtem Wasserablauf?	☐	☐	☐
10.14	Gibt es Kupferleitungen, die zusammen mit verzinkten Leitungen verbaut sind (Korrosionsgefahr)?	☐	☐	☐
10.15	Gibt es Durchlüftungsprobleme aufgrund einer zu geringen Anzahl oder zu kleiner Fenster?	☐	☐	☐
11.0	**Kellerräume allgemein**			
11.1	Gibt es Stellen, an denen der Fußboden keinen waagerechten Verlauf hat (Wasserwaagentest)?	☐	☐	☐
11.2	Gibt es Stellen, an denen Wände und Decken keinen senkrechten bzw. waagerechten Verlauf haben?	☐	☐	☐
11.3	Gibt es an Wänden und Decke Stellen mit Rissen im Mauerwerk oder Putz (Ecken beachten)?	☐	☐	☐
11.4	Gibt es Risse in den Grundmauern?	☐	☐	☐
11.5	Gibt es Risse im Boden-Wandanschluss?	☐	☐	☐

Teil B: Innenbesichtigung
I. Keller

Schäden / schadhafte Teile / Probleme

		keine	einige	viele
11.0	**Kellerräume allgemein**			
11.6	Gibt es Stellen mit schlechter Oberflächenbeschaffenheit (Flecken, Ausblühungen)?	☐	☐	☐
11.7	Gibt es Stellen mit losem Putz und Wandauswölbungen?	☐	☐	☐
11.8	Gibt es Stellen mit einem schlechten Zustand der Bodenbeläge (Rohboden, Estrich, Fliesen)?	☐	☐	☐
11.9	Hat die Abdeckung des Kontrollschachts Risse?	☐	☐	☐
11.10	Gibt es im Falle von Holzbalkendecken angefaulte oder morsche Balken, die vom Keller aus sichtbar sind?	☐	☐	☐
11.11	Gibt es im Falle von Stahlträgerdecken rostige oder brüchige Träger, die vom Keller aus sichtbar sind?	☐	☐	☐
11.12	Gibt es Kellerräume, die muffig riechen (Zeichen für Feuchtigkeit)?	☐	☐	☐
11.13	Gibt es feuchte Wände oder Fußböden?	☐	☐	☐
11.14	Gibt es Außen- bzw. Innenwände ohne eine horizontale Feuchtigkeitssperre (z.B. eingelegter Streifen Dachpappe unter oder oberhalb der ersten Steinlage des Kellermauerwerks)?	☐	☐	☐
11.15	Gibt es Räume ohne Elektroanschluss?	☐	☐	☐
11.16	Gibt es Elektroleitungen in schlechtem Zustand (brüchig, schlecht isoliert etc.)?	☐	☐	☐
11.17	Gibt es Rohrleitungen in schlechtem Zustand (Rost, Korrosion, Undichtigkeiten)?	☐	☐	☐
11.18	Gibt es Rohrleitungen ohne ausreichende Schallisolierung (Rohrschellen ohne Gummieinlage)?	☐	☐	☐
11.19	Gibt es Räume ohne ausreichende direkte Außenbelüftung?	☐	☐	☐
11.20	Gibt es Durchlüftungsprobleme aufgrund einer zu geringen Anzahl oder zu kleiner Fenster?	☐	☐	☐
11.21	Gibt es Türen, die schief im Rahmen sitzen oder schleifen?	☐	☐	☐
11.22	Sind Türbänder zu erkennen, die rosten oder aus dem Rahmen brechen?	☐	☐	☐
11.23	Bei Holztüren: Gibt es Stellen, die einen verwitterten Eindruck machen?	☐	☐	☐
11.24	Sind Stellen mit Anzeichen von Fäulnis erkennbar?	☐	☐	☐
11.25	Bei Kunststofftüren: Gibt es Stellen, die einen stumpfen oder vergilbten Eindruck machen?	☐	☐	☐
11.26	Bei Metalltüren: Gibt es Stellen, die verbogen sind oder rosten?	☐	☐	☐
11.27	Gibt es Fenster in beheizten Räumen, die keine Isolierverglasung haben?	☐	☐	☐

Teil B: Innenbesichtigung I. Keller			
Schäden / schadhafte Teile / Probleme	keine	einige	viele
11.0 Kellerräume allgemein			
11.28 Sind Fenster zu erkennen, die schief im Rahmen sitzen?	☐	☐	☐
11.29 Bei Holzfenstern: Sind Stellen mit Anzeichen von Fäulnis erkennbar?	☐	☐	☐
11.30 Gibt es Stellen, die einen verwitterten Eindruck machen?	☐	☐	☐
11.31 Sind Stellen mit abplatzendem Lack erkennbar?	☐	☐	☐
11.32 Sind Stellen mit Anzeichen von Fäulnis erkennbar?	☐	☐	☐
11.33 Sind Fensterbänder zu erkennen, die rosten oder aus dem Rahmen brechen?	☐	☐	☐
11.34 Bei Kunststofffenstern: Gibt es Stellen, die einen stumpfen oder vergilbten Eindruck machen?	☐	☐	☐
11.35 Bei Metallfenstern: Gibt es Stellen, die verbogen sind oder rosten?	☐	☐	☐
11.36 Gibt es Fenstergläser mit Kratzern, Sprüngen oder Blindstellen?	☐	☐	☐
12.0 Wohnräume im Keller			
12.1 Gibt es Kellerräume, die als Wohnräume vorgeführt werden, die eine geringere lichte Raumhöhe als 2,30 m (in Berlin 2,50 m) haben (damit wären sie offiziell nicht als Wohnräume zugelassen)?	☐	☐	☐
12.2 Gibt es Stellen, an denen der Fußboden keinen waagerechten Verlauf hat (Wasserwaagentest)?	☐	☐	☐
12.3 Gibt es Stellen an denen Wände und Decken keinen senkrechten bzw. waagerechten Verlauf haben?	☐	☐	☐
12.4 Gibt es an Wänden und Decke Stellen mit Rissen im Mauerwerk oder Verputz (Ecken beachten)?	☐	☐	☐
12.5 Gibt es Risse in den Grundmauern?	☐	☐	☐
12.6 Gibt es Risse im Boden-Wandanschluss?	☐	☐	☐
12.7 Gibt es Stellen mit schlechter Oberflächenbeschaffenheit (Flecken, Ausblühungen)?	☐	☐	☐
12.8 Gibt es Stellen mit losem Putz und Wandauswölbungen?	☐	☐	☐
12.9 Gibt es Stellen mit einem schlechten Zustand der Bodenbeläge (Teppichboden, Fliesen, Linoleum, Parkett, Dielen)?	☐	☐	☐
12.10 Gibt es Böden, die nicht wärmegedämmt sind?	☐	☐	☐
12.11 Gibt es im Falle von Holzbalkendecken angefaulte oder morsche Balken, die vom Keller aus sichtbar sind?	☐	☐	☐
12.12 Gibt es im Falle von Stahlträgerdecken rostige oder brüchige Träger, die vom Keller aus sichtbar sind?	☐	☐	☐
12.13 Gibt es Kellerräume die muffig riechen (Zeichen für Feuchtigkeit)?	☐	☐	☐

Richtige Besichtigung einer Bestandsimmobilie 4.3

Teil B: Innenbesichtigung
I. Keller

Schäden / schadhafte Teile / Probleme — keine | einige | viele

Nr.	Frage	keine	einige	viele
12.0	**Wohnräume im Keller**			
12.14	Gibt es feuchte Wände oder Fußböden?	☐	☐	☐
12.15	Gibt es Wände ohne eine horizontale Feuchtigkeitssperre (z.B. eingelegter Streifen Dachpappe unter- oder oberhalb der ersten Steinlage des Kellermauerwerks)?	☐	☐	☐
12.16	Gibt es Tageslicht- oder Durchlüftungsprobleme aufgrund einer zu geringen Anzahl oder zu kleiner Fenster?	☐	☐	☐
12.17	Gibt es Türen, die schief im Rahmen sitzen oder schleifen?	☐	☐	☐
12.18	Bei Holztüren: Sind Stellen mit Anzeichen von Fäulnis erkennbar?	☐	☐	☐
12.19	Bei Kunststofftüren: Gibt es Stellen, die einen stumpfen oder vergilbten Eindruck machen?	☐	☐	☐
12.20	Bei Metalltüren: Gibt es Stellen, die verbogen sind oder rosten?	☐	☐	☐
12.21	Sind Türbänder zu erkennen, die rosten oder aus dem Rahmen brechen?	☐	☐	☐
12.22	Gibt es Fenster, die keine Isolierverglasung haben?	☐	☐	☐
12.23	Sind Fenster zu erkennen, die schief im Rahmen sitzen?	☐	☐	☐
12.24	Bei Holzfenstern: Sind Stellen mit Anzeichen von Fäulnis erkennbar?	☐	☐	☐
12.25	Gibt es Stellen, die einen verwitterten Eindruck machen?	☐	☐	☐
12.26	Sind Stellen mit abplatzendem Lack erkennbar?	☐	☐	☐
12.27	Bei Kunststofffenstern: Gibt es Stellen, die einen stumpfen oder vergilbten Eindruck machen?	☐	☐	☐
12.28	Bei Metallfenstern: Gibt es Stellen, die verbogen sind oder rosten?	☐	☐	☐
12.29	Sind Fensterbänder zu erkennen, die rosten oder aus dem Rahmen brechen?	☐	☐	☐
12.30	Gibt es Fenstergläser mit Kratzern, Sprüngen oder Blindstellen?	☐	☐	☐
12.31	Gibt es Kellerwohnräume, die keine ausreichende Beheizungsmöglichkeit haben?	☐	☐	☐
12.32	Gibt es Rohrleitungen in schlechtem Zustand (Rost, Korrosion, Undichtigkeiten)?	☐	☐	☐
12.33	Gibt es Rohrleitungen ohne ausreichende Schallisolierung (Rohrschellen mit Gummieinlage)?	☐	☐	☐
12.34	Gibt es feuchte oder nachgearbeitete Stellen im Bereich von Unterputzrohrleitungen?	☐	☐	☐
12.35	Gibt es undichte Heizkörper?	☐	☐	☐
12.36	Gibt es Heizkörper ohne Einzelthermostatregelung?	☐	☐	☐
12.37	Gibt es korrodierte bzw. rostende Heizkörper?	☐	☐	☐

Teil B: Innenbesichtigung I. Keller			
Schäden / schadhafte Teile / Probleme	keine	einige	viele
12.0 Wohnräume im Keller			
12.38 Gibt es lockere oder lose Heizkörper?	☐	☐	☐
12.39 Gibt es Heizkörper von auffallend geringer Größe oder Anzahl im Vergleich zur Größe des Raumes?	☐	☐	☐
12.40 Gibt es Einzelöfen (Gas, Öl, Kohle), die zum Zeitpunkt Ihrer Besichtigung nicht in Betrieb sind (Lassen Sie sie anstellen)?	☐	☐	☐
12.41 Gibt es bei diesen Probleme mit dem Betrieb und der Regulierung?	☐	☐	☐
12.42 Gibt es bei diesen Probleme mit dem Rauchabzug (Aktuellen Schornsteinfegerbericht zeigen lassen)?	☐	☐	☐
12.43 Gibt es offene Kamine oder Kachelöfen, die zum Zeitpunkt Ihrer Besichtigung nicht in Betrieb sind (lassen Sie sie nach Möglichkeit in Betrieb nehmen)?	☐	☐	☐
12.44 Gibt es bei diesen Probleme mit dem Betrieb und der Regulierung?	☐	☐	☐
12.45 Gibt es bei diesen Probleme mit dem Rauchabzug (aktuellen Schornsteinfegerbericht zeigen lassen)?	☐	☐	☐
12.46 Gibt es Bereiche ohne Elektroanschluss?	☐	☐	☐
12.47 Gibt es Elektroleitungen in schlechtem Zustand (brüchig, schlecht isoliert etc.)?	☐	☐	☐
12.48 Gibt es Räume mit flackerndem Licht?	☐	☐	☐
12.49 Gibt es defekte Schalter und Steckdosen?	☐	☐	☐

Richtige Besichtigung einer Bestandsimmobilie 4.3

Teil B: Innenbesichtigung II. Erdgeschoss und Obergeschoss Schäden / schadhafte Teile / Probleme	keine	einige	viele
13.0 Küche (Neben den nachfolgend aufgeführten speziellen Prüfpunkten müssen in Küchen zusätzlich auch die allgemeinen Prüfpunkte für Wohnräume beachtet werden – siehe Punkt 15.)			
13.1 Gibt es beschädigte oder hohl klingende Wand- und Bodenfliesen (Klopftest)?	☐	☐	☐
13.2 Gibt es poröse oder gebrochene Fugen?	☐	☐	☐
13.3 Gibt es helle, metallische Geräusche beim Öffnen eines Hahnes (Wasserdruckprobleme)?	☐	☐	☐
13.4 Gibt es Hähne ohne ausreichenden Wasserfluss?	☐	☐	☐
13.5 Gibt es undichte Hähne?	☐	☐	☐
13.6 Gibt es Waschbecken mit schlechtem Wasserablauf?	☐	☐	☐
13.7 Gibt es Kupferleitungen, die zusammen mit verzinkten Leitungen verbaut sind (Korrosionsgefahr)?	☐	☐	☐
13.8 Gibt es problematische Rohranschlüsse (undichte Muffen etc.)?	☐	☐	☐
13.9 Gibt es Rohrleitungen in schlechtem Zustand (Rost, Korrosion, Undichtigkeiten)?	☐	☐	☐
13.10 Gibt es Rohrleitungen ohne ausreichende Schallisolierung (Rohrschellen ohne Gummieinlage)?	☐	☐	☐
13.11 Gibt es feuchte oder nachgearbeitete Stellen im Bereich von Unterputzrohrleitungen?	☐	☐	☐
13.12 Gibt es Bereiche ohne Elektroanschluss?	☐	☐	☐
13.13 Gibt es Warmwasserboiler oder Gasdurchlauferhitzer, die defekt oder sehr alt sind?	☐	☐	☐
13.14 Gibt es elektrische Leitungen, die nicht ausreichend gegen Spritzwasser geschützt sind?	☐	☐	☐
13.15 Gibt es Probleme mit dem Dunstabzug (in Betrieb nehmen lassen!)?	☐	☐	☐
13.16 Werden Einbauelemente übernommen, die in schlechtem Zustand sind?	☐	☐	☐
13.17 Gibt es korrodierte bzw. rostende Heizkörper?	☐	☐	☐
13.18 Gibt es Möbel-Einbauelemente, die nicht aus Vollholz sind?	☐	☐	☐
13.19 Gibt es Anzeichen von Feuchtigkeit um die Spüle?	☐	☐	☐
13.20 Gibt es Anzeichen von Feuchtigkeit in den Küchenschränken?	☐	☐	☐

Teil B: Innenbesichtigung II. Erdgeschoss und Obergeschoss Schäden / schadhafte Teile / Probleme	keine	einige	viele
14.0 Bäder			
(Neben den nachfolgend aufgeführten speziellen Prüfpunkten müssen in Bädern zusätzlich auch die allgemeinen Prüfpunkte für Wohnräume beachtet werden – siehe Punkt 15.)			
14.1 Gibt es beschädigte oder hohl klingende Wand- und Bodenfliesen (Klopftest)?	☐	☐	☐
14.2 Gibt es poröse oder gebrochene Fugen?	☐	☐	☐
14.3 Gibt es beschädigte Sanitärgegenstände?	☐	☐	☐
14.4 Gibt es Sanitärgegenstände, die nicht ausreichend gegen Körperschallübertragung geschützt sind?	☐	☐	☐
14.5 Gibt es helle, metallische Geräusche beim Öffnen eines Hahnes (Wasserdruckprobleme)?	☐	☐	☐
14.6 Gibt es Hähne ohne ausreichenden Wasserfluss?	☐	☐	☐
14.7 Gibt es undichte Hähne?	☐	☐	☐
14.8 Gibt es Waschbecken mit schlechtem Wasserablauf?	☐	☐	☐
14.9 Gibt es Kupferleitungen, die zusammen mit verzinkten Leitungen verbaut sind (Korrosionsgefahr)?	☐	☐	☐
14.10 Gibt es problematische Rohranschlüsse (undichte Muffen etc.)?	☐	☐	☐
14.11 Gibt es Rohrleitungen in schlechtem Zustand (Rost, Korrosion, Undichtigkeiten)?	☐	☐	☐
14.12 Gibt es Rohrleitungen ohne ausreichende Schallisolierung (Rohrschellen ohne Gummieinlage)?	☐	☐	☐
14.13 Gibt es feuchte oder nachgearbeitete Stellen im Bereich von Unterputzrohrleitungen?	☐	☐	☐
14.14 Gibt es Bereiche ohne Elektroanschluss?	☐	☐	☐
15.0 Wohnräume			
15.1 Gibt es Wohnräume, die eine geringere lichte Raumhöhe als 2,30 m (in Berlin 2,50 m) haben (damit wären sie offiziell nicht als Wohnräume zugelassen)?	☐	☐	☐
15.2 Gibt es Stellen, an denen der Fußboden keinen waagerechten Verlauf hat (Wasserwaagentest)?	☐	☐	☐
15.3 Gibt es Stellen an denen Wände und Decken keinen senkrechten bzw. waagerechten Verlauf haben?	☐	☐	☐
15.4 Gibt es Risse im Boden-Wandanschluss?	☐	☐	☐

Teil B: Innenbesichtigung II. Erdgeschoss und Obergeschoss Schäden / schadhafte Teile / Probleme	keine	einige	viele
15.0 Wohnräume			
15.5 Gibt es Stellen mit schlechter Oberflächenbeschaffenheit (Flecken, Ausblühungen)?			
15.6 Gibt es Stellen mit losem Putz und Wandauswölbungen?	☐	☐	☐
15.7 Gibt es Stellen mit einem schlechten Zustand der Bodenbeläge (Teppichboden, Fliesen, Linoleum, Parkett, Dielen)?	☐	☐	☐
15.8 Gibt es Bereiche ohne ausreichenden Trittschallschutz (z.B. aufgrund fehlenden, schwimmend verlegten Estrichs)?	☐	☐	☐
15.9 Gibt es im Falle von Holzbalkendecken angefaulte oder morsche Balken, die von unten aus sichtbar sind?	☐	☐	☐
15.10 Gibt es Holzbalkendecken mit fehlendem Trittschallschutz (z.B. fehlender Trittschallschutz durch nicht eingelegte Dämmung zwischen Tragbalken und aufgelegter Bodenbohle)?	☐	☐	☐
15.11 Gibt es abgehängte Decken in schlechtem Zustand?	☐	☐	☐
15.12 Gibt es Wohnräume, in denen es muffig riecht (Zeichen für Feuchtigkeit)?	☐	☐	☐
15.13 Gibt es feuchte Wände oder Fußböden?	☐	☐	☐
15.14 Bei Gebäuden ohne Keller: Gibt es Erdgeschosswände ohne eine horizontale Feuchtigkeitssperre (z.B. nicht eingelegter Streifen Dachpappe unter oder oberhalb der ersten Steinlage des Kellermauerwerks)?	☐	☐	☐
15.15 Gibt es Tageslicht- oder Durchlüftungsprobleme aufgrund einer zu geringen Anzahl oder zu kleiner Fenster?	☐	☐	☐
15.16 Gibt es Türen, die schief im Rahmen sitzen oder schleifen?	☐	☐	☐
15.17 Bei Holztüren: Sind Stellen mit Anzeichen von Fäulnis erkennbar?	☐	☐	☐
15.18 Sind Türbänder zu erkennen, die rosten oder aus der Wand brechen?	☐	☐	☐
15.19 Bei Kunststofftüren: Gibt es Stellen, die einen stumpfen oder vergilbten Eindruck machen?	☐	☐	☐
15.20 Bei Metalltüren: Gibt es Stellen, die verbogen sind oder rosten?	☐	☐	☐
15.21 Gibt es Fenster, die keine Isolierverglasung haben?	☐	☐	☐
15.22 Sind Fenster zu erkennen, die schief im Rahmen sitzen?	☐	☐	☐
15.23 Bei Holzfenstern: Sind Stellen mit Anzeichen von Fäulnis erkennbar?	☐	☐	☐
15.24 Gibt es Stellen, die einen verwitterten Eindruck machen?	☐	☐	☐
15.25 Sind Stellen mit abplatzendem Lack erkennbar?	☐	☐	☐
15.26 Bei Kunststofffenstern: Gibt es Stellen, die einen stumpfen oder vergilbten Eindruck machen?	☐	☐	☐

Teil B: Innenbesichtigung II. Erdgeschoss und Obergeschoss Schäden / schadhafte Teile / Probleme	keine	einige	viele
15.0 Wohnräume			
15.27 Bei Metallfenstern: Gibt es Stellen, die verbogen sind oder rosten?	☐	☐	☐
15.28 Sind Fensterbänder zu erkennen, die rosten oder aus dem Rahmen brechen?			
15.29 Gibt es Fenstergläser mit Kratzern, Sprüngen oder Blindstellen?	☐	☐	☐
15.30 Gibt es Wohnräume, die keine ausreichende Beheizungsmöglichkeit haben?	☐	☐	☐
15.31 Gibt es Rohrleitungen in schlechtem Zustand (Rost, Korrosion, Undichtigkeiten)	☐	☐	☐
15.32 Gibt es Rohrleitungen ohne ausreichende Schallisolierung (Rohrschellen ohne Gummieinlage)?	☐	☐	☐
15.33 Gibt es feuchte oder nachgearbeitete Stellen im Bereich von Unterputzrohrleitungen?	☐	☐	☐
15.34 Gibt es undichte Heizkörper?	☐	☐	☐
15.35 Gibt es Heizkörper ohne Einzelthermostatregelung?	☐	☐	☐
15.36 Gibt es korrodierte oder rostende Heizkörper?	☐	☐	☐
15.37 Gibt es lockere oder lose Heizkörper?	☐	☐	☐
15.38 Gibt es Heizkörper von auffallend geringer Größe oder Anzahl im Vergleich zur Größe des Raumes?	☐	☐	☐
15.39 Gibt es Einzelöfen (Gas, Öl, Kohle), die zum Zeitpunkt Ihrer Besichtigung nicht in Betrieb sind (Lassen Sie sie anstellen)?	☐	☐	☐
15.40 Gibt es bei diesen Probleme mit dem Betrieb und der Regulierung?	☐	☐	☐
15.41 Gibt es bei diesen Probleme mit dem Rauchabzug (aktuellen Schornsteinfegerbericht zeigen lassen)?	☐	☐	☐
15.42 Gibt es offene Kamine oder Kachelöfen, die zum Zeitpunkt Ihrer Besichtigung nicht in Betrieb sind (Lassen Sie sie nach Möglichkeit in Betrieb nehmen)?	☐	☐	☐
15.43 Gibt es bei diesen Probleme mit dem Betrieb und der Regulierung?	☐	☐	☐
15.44 Gibt es bei diesen Probleme mit dem Rauchabzug (aktuellen Schornsteinfegerbericht zeigen lassen)?	☐	☐	☐
15.45 Gibt es Bereiche ohne Elektro- / Fernseh- / Telefonanschluss?	☐	☐	☐
15.46 Gibt es Elektroleitungen in schlechtem Zustand (brüchig, schlecht isoliert etc.)?	☐	☐	☐
15.47 Gibt es Räume mit flackerndem Licht?	☐	☐	☐
15.48 Gibt es defekte Schalter und Steckdosen?	☐	☐	☐

Richtige Besichtigung einer Bestandsimmobilie 4.3

Teil B: Innenbesichtigung II. Erdgeschoss und Obergeschoss Schäden / schadhafte Teile / Probleme	keine	einige	viele
16.0 Treppenhäuser (Neben den nachfolgend aufgeführten speziellen Prüfpunkten müssen in Treppenhäusern zusätzlich auch die allgemeinen Prüfpunkte für Wohnräume beachtet werden – siehe Punkt 15.)			
16.1 Gibt es lose oder wackelige Treppengeländer?	☐	☐	☐
16.2 Gibt es Geländer ohne ausreichenden Kleinkinderschutz (Abstand der senkrechten Stäbe größer als 12 cm)?	☐	☐	☐
16.3 Gibt es unregelmäßige Steigungsverhältnisse zwischen den einzelnen Stufen?	☐	☐	☐
16.4 Gibt es unangenehm hohe Steigungsverhältnisse der Stufen?	☐	☐	☐
16.5 Gibt es Treppen ohne Zwischenabsatz, obwohl sie extrem langläufig sind?	☐	☐	☐
16.6 Gibt es Bereiche, an denen die Treppe äußerst schmal ist?	☐	☐	☐
16.7 Gibt es Stellen ohne eine ausreichende lichte Höhe über den Treppen (mindestens 2,10 m)?	☐	☐	☐
16.8 Gibt es Treppen, an denen keine Möglichkeit zur späteren, behindertengerechten Nachrüstung besteht (z.B. treppenlaufbegleitender Lifter)?	☐	☐	☐
16.9 Gibt es Treppen ohne ausreichenden Schallschutz zur treppenlaufbegleitenden Hauswand und am oberen und unteren Auflagerpunkt der Treppe?	☐	☐	☐
16.10 Bei Holztreppen: Gibt es knarrende Treppenstufen?	☐	☐	☐
16.11 Fehlen Lichtschalter am unteren bzw. oberen Ende der Treppe?	☐	☐	☐

Teil B: Innenbesichtigung III. Dachgeschoss Schäden / schadhafte Teile / Probleme	keine	einige	viele
17.0 Küchen			
(Siehe 13.0 Küchen Erdgeschoss und Obergeschosse, zusätzlich jedoch folgende Punkte klären:)			
17.1 Sind Boden- und Wandfliesen auf Holzausbauplatten verlegt (äußerst ungünstige Verlegeart hinsichtlich Befestigungs- und Wasserschäden)?	☐	☐	☐
17.2 Gibt es undichte, schrägsitzende Dachfenster?	☐	☐	☐
18.0 Bäder			
(Siehe 14.0 Bäder Erdgeschoss und Obergeschosse, zusätzlich jedoch folgende Punkte klären:)			
18.1 Sind Boden- und Wandfliesen auf Holzausbauplatten verlegt (äußerst ungünstige Verlegeart hinsichtlich Befestigungs- und Wasserschäden)?	☐	☐	☐
18.2 Gibt es undichte, schrägsitzende Dachfenster?	☐	☐	☐
19.0 Wohnräume im Dachgeschoss			
19.1 Gibt es Dach-Wohnräume, die eine geringere lichte Raumhöhe als 2,30 m (in Berlin 2,50 m) über mehr als die Hälfte der Grundfläche haben (damit wären sie offiziell nicht als Wohnräume zugelassen)?	☐	☐	☐
19.2 Gibt es Stellen, an denen der Fußboden keinen waagerechten Verlauf hat (Wasserwaagentest)?	☐	☐	☐
19.3 Gibt es Stellen außer den Dachschrägen, an denen Decken keinen waagerechten Verlauf haben?	☐	☐	☐
19.4 Gibt es an Wänden und Decke Stellen mit Rissen im Mauerwerk oder Verputz oder in der Holzverkleidung (Ecken beachten)?	☐	☐	☐
19.5 Gibt es Risse im Boden-Kniestock-Anschluss?	☐	☐	☐
19.6 Gibt es Stellen mit schlechter Oberflächenbeschaffenheit (Flecken, Ausblühungen)?	☐	☐	☐
19.7 Gibt es Stellen mit losem Putz und Wandauswölbungen?	☐	☐	☐
19.8 Gibt es Stellen mit einem schlechten Zustand der Bodenbeläge (Teppichboden, Fliesen, Linoleum, Parkett, Dielen)?	☐	☐	☐
19.9 Gibt es Bereiche ohne ausreichenden Trittschallschutz (z.B. aufgrund fehlenden, schwimmend verlegten Estrichs)?	☐	☐	☐
19.10 Gibt es im Falle von Holzbalkenböden angefaulte oder morsche Balken?	☐	☐	☐
19.11 Fehlt im Falle von Holzbalkenböden ein ausreichender Trittschallschutz, z.B. über eingelegte Dämmungen zwischen Tragbalken und aufgelegter Bodenbohle?	☐	☐	☐

Teil B: Innenbesichtigung
III. Dachgeschoss

Schäden / schadhafte Teile / Probleme	keine	einige	viele
19.0 Wohnräume im Dachgeschoss			
19.12 Gibt es Wohnräume, in denen es muffig riecht (Zeichen für Feuchtigkeit)?	☐	☐	☐
19.13 Gibt es feuchte Wände oder Fußböden?	☐	☐	☐
19.14 Gibt es Stellen ohne ausreichende Dämmung an Wänden und Decke?	☐	☐	☐
19.15 Gibt es Tageslicht- oder Durchlüftungsprobleme aufgrund einer zu geringen Anzahl oder zu kleiner Fenster?	☐	☐	☐
19.16 ☐ Der ausgebaute Dachboden war von Anfang an geplant.			
19.17 ☐ Es gibt entsprechende Prüfunterlagen, wie z.B. die Baueingabeplanung, wo der ausgebaute Dachraum auch als Wohnfläche ausgewiesen ist? Auch die Zahl der ggf. notwendigen und vor den Behörden nachzuweisenden Stellplätze (z.B. im Falle einer Einliegerwohnung im Dach) ist ausreichend?			
19.18 ☐ Der Dachboden ist nachträglich ausgebaut worden.			
19.19 ☐ Der Dachboden ist in Eigenarbeit ausgebaut worden.			
19.20 ☐ Der Dachboden ist von einer Fachfirma ausgebaut worden.			
19.21 Gibt es Türen, die schief im Rahmen sitzen oder schleifen?	☐	☐	☐
19.22 Bei Holztüren: Sind Stellen mit Anzeichen von Fäulnis erkennbar?	☐	☐	☐
19.23 Bei Kunststofftüren: Gibt es Stellen, die einen stumpfen oder vergilbten Eindruck machen?	☐	☐	☐
19.24 Bei Metalltüren: Gibt es Stellen, die verbogen sind oder rosten?	☐	☐	☐
19.25 Sind Türbänder zu erkennen, die rosten oder aus dem Rahmen brechen?	☐	☐	☐
19.26 Gibt es Fenster, die keine Isolierglasscheiben haben?	☐	☐	☐
19.27 Sind Fenster zu erkennen, die schief im Rahmen sitzen?	☐	☐	☐
19.28 Bei Holzfenstern: Sind Stellen mit Anzeichen von Fäulnis erkennbar?	☐	☐	☐
19.29 Gibt es Stellen, die einen verwitterten Eindruck machen?	☐	☐	☐
19.30 Sind Stellen mit abplatzendem Lack erkennbar?	☐	☐	☐
19.31 Bei Kunststofffenstern: Gibt es Stellen, die einen stumpfen oder vergilbten Eindruck machen?	☐	☐	☐
19.32 Bei Metallfenstern: Gibt es Stellen, die verbogen sind oder rosten?	☐	☐	☐
19.33 Sind Fensterbänder zu erkennen, die rosten oder aus der Wand brechen?	☐	☐	☐
19.34 Gibt es Fenstergläser mit Kratzern, Sprüngen oder Blindstellen?	☐	☐	☐
19.35 Gibt es Feuchtigkeitsspuren um die Fenster herum?	☐	☐	☐

Teil B: Innenbesichtigung III. Dachgeschoss Schäden / schadhafte Teile / Probleme	keine	einige	viele
19.0 Wohnräume im Dachgeschoss			
19.36 Gibt es Schrägdachfenster, die einen schlechten / undichten Eindruck machen?	☐	☐	☐
19.37 Gibt es Schrägdachsüd- oder -westfenster ohne außenliegende Verschattungssysteme?	☐	☐	☐
19.38 Fehlen Schornsteinfegerausstiege unabhängig von Dach-Wohnraumfenstern?	☐	☐	☐
19.39 Gibt es Wohnräume, die keine ausreichende Beheizungsmöglichkeit haben?	☐	☐	☐
19.40 Gibt es undichte Heizkörper?	☐	☐	☐
19.41 Gibt es Rohrleitungen in schlechtem Zustand (Rost, Korrosion, Undichtigkeiten)?	☐	☐	☐
19.42 Gibt es Rohrleitungen ohne ausreichende Schallisolierung (Rohrschellen ohne Gummieinlage)?	☐	☐	☐
19.43 Gibt es feuchte oder nachgearbeitete Stellen im Bereich von Unterputzrohrleitungen?	☐	☐	☐
19.44 Gibt es Heizkörper ohne Einzelthermostatregelung?	☐	☐	☐
19.45 Gibt es korrodierte oder rostende Heizkörper?	☐	☐	☐
19.46 Gibt es lockere oder lose Heizkörper?	☐	☐	☐
19.47 Gibt es Heizkörper von auffallend geringer Größe oder Anzahl im Vergleich zur Größe des Raumes?	☐	☐	☐
19.48 Gibt es Bereiche ohne Elektroanschluss?	☐	☐	☐
19.49 Gibt es Elektroleitungen in schlechtem Zustand (brüchig, schlecht isoliert etc.)?	☐	☐	☐
19.50 Gibt es flackerndes Licht?	☐	☐	☐
19.51 Gibt es defekte Schalter und Steckdosen?	☐	☐	☐
20.0 Speicherboden			
20.1 Gibt es Dachbalken, Sparren und Dachlatten in schlechtem Zustand (Fäulnis, brüchig etc.)?	☐	☐	☐
20.2 Hat der Dachboden feuchte Stellen?	☐	☐	☐
20.3 Hat der Dachstuhl Anzeichen auf Fäulnis oder Schädlingsbefall?	☐	☐	☐
20.4 Gibt es Feuchtigkeit an Mauerwerk, Unterseite von Dachkehlen, Schornstein und Dachfenstern?	☐	☐	☐
20.5 Fällt Licht zwischen den Dachpfannen durch?	☐	☐	☐
20.6 Fehlen Schornsteinfegerausstiege?	☐	☐	☐

Richtige Besichtigung einer Bestandsimmobilie 4.3

Teil B: Innenbesichtigung III. Dachgeschoss			
Schäden / schadhafte Teile / Probleme	keine	einige	viele
20.0 Speicherboden			
20.7 Fehlen Schornsteinfegerlaufgitter auf dem Dach?	☐	☐	☐
20.8 Gibt es Schornsteinköpfe ohne ausreichende Befestigung?	☐	☐	☐
20.9 Gibt es brüchige Schornsteinfugen?	☐	☐	☐
20.10 Gibt es Bereiche, in denen der Schornstein nicht lotrecht verläuft?	☐	☐	☐
20.11 Gibt es undichte oder korrodierte Stellen an der Blechverwahrung (Blecheinfassung) des Schornsteins?	☐	☐	☐
20.12 Gibt es eine Unterspannbahn unter der Dachdeckung?	☐	☐	☐
21.0 Flachdächer (Eine Besichtigung empfiehlt sich hier kurz nach einem starken Regen)			
21.1 Hat das Flachdach Risse in der Dachpappe?	☐	☐	☐
21.2 Gibt es Stellen, an denen die Dachpappe mürbe und stark ausgebleicht scheint?	☐	☐	☐
21.3 Gibt es Grünwuchs auf dem Flachdach?	☐	☐	☐
21.4 Gibt es bei kiesbedeckten Flachdächern Stellen ohne ausreichenden Kiesbelag?	☐	☐	☐
21.5 Steht Wasser auf dem Flachdach (Pfützen)?	☐	☐	☐
21.6 Gibt es Undichtigkeiten der Flachdachanschlüsse an die umlaufende Attika?	☐	☐	☐
21.7 Gibt es Rost oder Korrosion an der umlaufenden Attika?	☐	☐	☐
21.8 Gibt es Undichtigkeiten der Flachdachanschlüsse an den Kamin und an die Entlüftungsrohre?	☐	☐	☐

Notizen:

_____

_____

_____

_____

_____

4.4 Auswirkungen der Energieeinsparverordnung (EnEV) auf Bestandsimmobilien

Seit dem 01. Februar 2002 ist die sogenannte Energieeinsparverordnung (EnEV) in Kraft. Sie hat die alte Heizungsanlagenverordnung und die Wärmebedarfsverordnung abgelöst. Neben Neubauten gilt die EnEV auch für Bestandsimmobilien und hat sogar spezielle Auswirkungen beim Eigentumswechsel eines gebrauchten Hauses. Daher werden die für Sie wichtigen Regelungen der EnEV beim Kauf einer Bestandsimmobilie nachfolgend erläutert. Mittlerweile wurde die EnEV mehrfach novelliert. Dabei kam es auch zu Umnummerierungen einzelner Paragraphen, was bedauerlicherweise erhebliche Verwirrung stiften kann.

Die EnEV setzt sich mittlerweile insgesamt aus 31 Paragraphen zusammen, wichtig für Sie sind die folgenden Paragraphen:

- § 9 »Änderung von Gebäuden«
- § 10 »Nachrüstung bei Anlagen und Gebäuden«
- § 11 »Aufrechterhaltung der energetischen Qualität«
- § 14 «Verteilungseinrichtungen und Warmwasseranlagen«

§ 9 »Änderung von Gebäuden«

Der § 9 der EnEV betrifft Maßgaben, die eingehalten werden müssen, wenn es zu bestimmten Änderungen von Gebäuden kommt. Dies betrifft vor allem Eingriffe an Fenstern und Fassade. Werden mehr als 10 Prozent der Fensterfläche oder der Fassadenfläche in einer der beiden in der EnEV bestimmten Himmelsrichtungen (von Südwest bis Südost oder Nordwest bis Nordost) ausgetauscht oder verändert, müssen neu eingebaute Bauteile festgelegte Wärmedurchgangskoeffizienten (sogenannte U-Werte) einhalten. Dies sind – vereinfacht gesagt – Kennzahlen für den Grad der Wärmedämmung von Bauteilen.

Dieser Paragraph wird Sie also dann betreffen, wenn Sie vorhaben, das Gebäude, das Sie kaufen, aktiv zu verändern. In einem solchen Fall werden Sie aber sehr wahrscheinlich ohnehin Kontakt zu einem Fachmann, also etwa einem Architekten oder Energieberater aufnehmen, um das Projekt in Angriff zu nehmen.

Interessiert Sie ein Gebäude, bei dem für Sie schon vor dem Kauf klar ist, dass Umbauten oder Modernisierungen erforderlich sind, sollten Sie bereits während des Kaufprozess, also vor allem bei den Besichtigungen des Objekts einen Fachmann einschalten. Bezüglich Umbauten kann dies ein Architekt sein, hinsichtlich energetischen Modernisierungen ein Energieberater. Architekten oder auch Bauingenieure, die Sie hierbei begleiten können, finden Sie z. B. beim Bauherrenschutzbund unter www.bsb-ev.de, Energieberater mit qualifizierter Ausbildung finden Sie unter der Internetadresse des Bundesamtes für Wirtschaft und Ausfuhrkontrolle, www.bafa.de. Dieses überprüft die Qualität von Energieberatern und führt eine entsprechende Liste mit der Eintragung qualifizierter Berater aus bundesweit praktisch allen Regionen.

§ 10 »Nachrüstung bei Anlagen und Gebäuden«

Der § 10 der EnEV schreibt – anders als der § 9 – zwingende Nachrüstungen an Bestandsgebäuden vor. Allerdings ist es so, dass diese Nachrüstpflichten nicht für Einfamilienhäuser gelten, in denen der Eigentümer selbst bereits vor dem 01. Februar 2002 wohnte und noch wohnt. Auch nicht für Zweifamilienhäuser, in denen der Eigentümer mindestens eine Wohnung selbst bewohnt. Erst wenn der Eigentümer das Haus verkauft, muss der Erwerber des Hauses diese Nachrüstungen vornehmen. Es ist für Sie beim Hauskauf also optimal, wenn der Vorbesitzer der Immobilie die nachfolgenden Regelungen bereits erfüllt hat, denn dann müssen Sie sie nicht durchführen lassen.

Generell nachzurüsten sind Heizungsanlagen dann, wenn der Heizkessel eine Nennwärmeleistung zwischen 4 und 400 Kilowatt hat (dies ist praktisch bei allen Einfamilienhäusern der Fall) und er kein Niedertemperaturbrennstoffkessel ist sowie mit flüssigem oder gasförmigen Brennstoff betrieben wird (also etwa mit Öl oder Gas und nicht mit Holz oder Kohle) und wenn er vor dem 01. Oktober 1978 eingebaut wurde. Ferner müssen alle Warmwasserleitungen des Gebäudes gedämmt werden und zwar an den Stellen, an denen sie frei zugänglich sind (also z. B. dort, wo sie nicht innerhalb einer Wand verlaufen) und durch unbeheizte Räume laufen (also z. B. durch Kellerräume). Die Dämmung muss nach den in der EnEV exakt in Zentimetern festgelegten Dämmstärken durchgeführt werden. Und schließlich muss die oberste nicht begehbare aber zugängliche Geschossdecke gedämmt werden. Dies kann z. B. die Decke unter einem Spitzboden sein, der zwar zugänglich ist (etwa durch eine Holzklappe) aber nicht begehbar (in dem Sie also z. B. nicht aufrecht gehen können bzw. der keine Wohnraumnutzung nach der jeweiligen Landesbauordnung zulässt).

Hat der Vorbesitzer des Hauses, das Sie ggf. erwerben wollen, diese Maßnahmen noch nicht durchgeführt, kommen die Kosten einer solchen Nachrüstung zusätzlich auf Sie zu und zwar unmittelbar nach Übernahme der Immobilie.

§ 11 »Aufrechterhaltung der energetischen Qualität«

Die EnEV schreibt für Bestandsimmobilien im § 11 auch die Aufrechterhaltung der energetischen Qualität fest. Das heißt, dass z. B. die Dämmqualität einer Außenfassade nicht beeinträchtigt werden darf. Dies kann z. B. dann der Fall sein, wenn Sie ein Haus kaufen, das mit Eternitplatten und einer dahinterliegenden Dämmung verkleidet ist. Sie können dann diese Fassade nicht einfach abnehmen ohne Ersatz zu schaffen. Gleiches gilt z. B. für die Freilegung von Fachwerk, auf dem ursprünglich z. B. Dämmung und Putz angebracht war. Es gilt aber z. B. genauso für einen Wintergarten, der ggf. vor einer Außenfassade des Hauses sitzt. Bevor Sie an solche Eingriffe gehen, sollten Sie sich ausführlich durch einen Energieberater beraten lassen.

§ 14 »Verteilungseinrichtungen und Warmwasseranlagen«

Was im Zusammenhang mit der EnEV vielfach übersehen wird, ist der § 14. Dieser regelt verbindliche Nachrüstpflichten, die alle Eigentümer, egal seit wann Sie in der Immobilie wohnen, umgehend, also ohne weitere Frist umsetzen müssen. Im § 14 werden zwei Dinge als verbindliche Nachrüstung benannt: Erstens müssen in allen Gebäuden, in denen sich Zentralheizungen befinden, diese dann nachgerüstet werden, wenn sie keine Einrichtungen zur Steuerung und Abschaltung der Wärmezufuhr in Abhängigkeit von der Außentemperatur und der Zeit aufweisen (also z. B. Außentemperaturfühler und Zeitschaltuhr). Ferner müssen auch selbsttätig wirkende Einrichtungen zur zimmerweisen Regulierung der Raumtemperatur vorhanden sein (also z. B. Thermostatventile an den Heizkörpern). Diese Regelung galt schon in einer der Vorgängerverordnungen der EnEV, der Heizungsanlagenverordnung, und wurde daher bindend und ohne weitere Fristgewährung auch in die EnEV übernommen. Fragen Sie bei Ihrer Hausbesichtigung also ruhig, ob die Heizungsanlage mit Außentemperaturfühler und Zeitschaltuhr ausgerüstet ist und ob alle Heizkörper mit Thermostatventilen ausgerüstet sind. Diese Nachrüstpflichten des § 14 gelten aber, wie erwähnt, nur für Zentralheizungen. Besichtigen Sie z. B. ein Haus, in dem in jedem Raum z. B. Gaseinzelöfen vorhanden sind, gelten diese Nachrüstpflichten nicht.

4.5 Energieausweis für Bestandsgebäude

Seit dem Jahr 2008 ist die Vorlage eines Energieausweises im Falle von Hausverkäufen gesetzlich vorgeschrieben. Das heißt, der Hauseigentümer muss einem Kaufinteressenten diesen Ausweis vorlegen, ansonsten begeht er eine Ordnungswidrigkeit. Der Ausweis soll dazu beitragen, dass die Energieverbräuche einzelner Gebäude miteinander verglichen werden können. Damit sollen »sparsame« Häuser für Immobilienkäufer interessanter werden und Hausbesitzer von »Energieschleudern« dazu motiviert werden, Ihre Immobilie zu modernisieren. Beim Energieausweis ist grundsätzlich zu unterscheiden zwischen zwei Varianten: Dem verbrauchsorientierten Ausweis und dem bedarfsorientierten Ausweis. Beim verbrauchsorientierten Ausweis wird der tatsächliche Energieverbrauch eines Gebäudes dokumentiert, beim bedarfsorientierten Ausweis wird der Energiebedarf theoretisch-rechnerisch ermittelt. Der Unterschied liegt klar auf der Hand: Ein verbrauchsorientierter Energieausweis hängt sehr stark am Nutzerverhalten der Hausbewohner. Hatten diese also im Winter hohe Raumtemperaturen von über 25 °C und stundenlang die Fenster auf Kippstellung, wird das identische Gebäude einen anderen Energieverbrauch im Energiepass eingetragen haben, als bei sparsamen Nutzern. Da sich dieses Nutzerverhalten bei kleinen Gebäuden viel stärker auswirkt als bei großen, bei denen sich unterschiedliche Nutzungsarten eher ausgleichen, schreibt der Gesetzgeber für kleine Gebäude mit bis zu 4 Wohnungen, die zudem vor der Einführung der Wärmeschutzverordnung von 1977 errichtet wurden und seither nicht auf diesen Stand modernisiert wurden, zwingend einen bedarfsorientierten Ausweis vor. Bei allen anderen Gebäuden kann der Eigentümer frei wählen, welchen Ausweis er einem Kaufinteressenten vorlegt.

4.6 Altlasten und Schadstoffe bei Bestandsimmobilien

Ein weiteres Problem, neben den energetischen Aspekten, können bei gebrauchten Immobilien auch Altlasten und Schadstoffe sein. Das Problem kann sowohl innerhalb des Gebäudes, wie auch außen am Gebäude oder aber auf dem Grundstück, auf dem das Gebäude steht, auftauchen. Innenraumschadstoffe können zum Beispiel asbesthaltige Bodenbeläge aus den 1950er Jahren sein (meist kleine PVC-Platten), mit chemischen Holzschutzmitteln behandelte Hölzer (z.B. im Dachraum aber auch an Wand- und Deckenverkleidungen), teerhaltige Badanstriche, teerhaltige Bodenkleber (häufig schwarzer Parkettkleber), alte Bleirohre, die dieses Schwermetall an das Trinkwasser abgeben oder auch PCB-haltige Abdichtungen, etwa an Gebäudefugen.

Schadstoffe, die sich außen an Gebäuden befinden, können alte Eternitdächer sein, die Asbest enthalten, ebenso PCB-haltige Abdichtungen an Gebäudefugen oder auch chemisch behandelte Hölzer an Terrassen, auf Balkonen oder an Dachuntersichten. Altlasten auf dem Grundstück wiederum können versickerte Altöle ebenso sein, wie andere Verunreinigungen, zum Beispiel durch unsachgemäße Lagerung giftiger Stoffe wie stark konzentrierte Düngemittel und ähnliches.

Die Schadstoffsanierung, sowohl von Innenräumen, wie auch von Freigelände, ist meist aufwändig und teuer. Daher ist es wichtig, dass Sie das Vorhandensein solcher Stoffe, bei einem Haus, das Sie kaufen möchten, möglichst ausschließen können. Ist dies nicht der Fall, sollten Sie vor dem Kauf auf alle Fälle einen Fachmann einschalten, der Schadstoffproben nimmt und bewertet (Adressen siehe Anhang).

Abb. 25:
Entfernung teerhaltiger Bodenschicht

4.7 Denkmalschutz

Eher selten, aber doch immer mal wieder kann es Ihnen passieren, dass Sie eine Immobilie besichtigen, die unter Denkmalschutz steht. Das Problem ist, dass Sie auch dies der Immobilie natürlich zunächst einmal nicht ansehen. Es gibt wunderschöne alte Häuser, die nicht unter Denkmalschutz stehen und es gibt Gebäude, die unter Denkmalschutz stehen, von denen Sie es nicht im Ansatz vermuten würden. Betreten Sie aber ein Gebäude, das – in welchem Zustand auch immer – sichtlich einige Jahre alt ist, sollten Sie ruhig fragen, ob es unter Denkmalschutz steht. Dies kann für Sie Vor- und Nachteile haben. Einerseits werden Instandsetzungsarbeiten an denkmalgeschützten Gebäuden teilweise finanziell gefördert, andererseits ist die Gestaltungsfreiheit an denkmalgeschützten Gebäuden naturgemäß stark eingeschränkt. In aller Regel sind denkmalgeschützte Gebäude eher etwas für Liebhaber und Enthusiasten alter Handwerkskunst und besonderer Baudetails. Wenn Sie für die Pflege und Instandhaltung des Hauses, das Sie kaufen möchten, wenig Zeit haben, sollten Sie sich einen solchen Schritt gut überlegen.

Neben dem konkreten Denkmalschutz für ein Gebäude gibt es auch Gestaltungssatzungen zum Beispiel für dörfliche oder städtische Plätze. Das heißt, hier wird ein ganzes Ensemble geschützt, also beispielsweise alle Fassaden einer städtischen Platzfront. Gestaltungssatzungen können auch bestimmte Fassadenfarben und ähnliches vorschreiben. Besichtigen Sie also ein Haus in einer auffällig harmonischen Umgebung, sollten Sie auf alle Fälle fragen, ob es eine Gestaltungssatzung für den Platz oder die Straße oder auch nur das Gebäude selbst gibt.

Abb. 26:
Denkmalgeschützt?

5.0 Die Beurteilung des Kaufpreises einer neuen und gebrauchten Immobilie

Wenn Sie die Ihnen angebotenen Immobilien technisch und rechtlich überprüft haben, muss auch der Kaufpreis überprüft werden, um herauszufinden, ob er angemessen ist. Hierzu wird er zunächst analysiert und dann mit Vergleichsobjekten in Bezug gesetzt.

5.1 Analyse des Kaufpreises

Um den Kaufpreis einer Ihnen angebotenen Immobilie – ganz gleich ob neu oder gebraucht – überprüfen zu können, ist es das Beste, wenn Sie ihn zunächst einfach in zwei Teile zerlegen, in den Grundstücksanteil und in den Gebäudeanteil. Dies ist deshalb sinnvoll, weil sich die Grundstückspreise in unterschiedlichen Lagen erheblich unterscheiden, die Kosten für die Erstellung eines Gebäudes bei vergleichbaren Rahmenbedingungen dagegen nicht. Häuser in vergleichbarer Bauqualität können in unterschiedlichen Stadtteilen deshalb unterschiedlich teuer sein.

Sie gehen bei der Zerlegung des Kaufpreises so vor, dass Sie zunächst die exakte Grundstücksgröße in Erfahrung bringen. Wenn Sie die Quadratmeterzahl des Grundstücks kennen, können Sie die ungefähren Kosten des Grundstücks ausrechnen, in dem Sie Vergleichswerte, also konkrete Quadratmeterkosten, von Grundstücken in der unmittelbaren Umgebung des Ihnen angebotenen Grundstücks ansetzen.

Die Preise dieser Grundstücke erfahren Sie bei den sogenannten Gutachterausschüssen, deren Anschriften und Telefonnummern Sie über die Bau- oder Liegenschaftsämter jeder Kommune oder Landkreises erfragen können. In den Gutachterausschüssen sitzen Gutachter für die Bewertung von unbebauten und bebauten Grundstücken. Jedes Grundstück oder Haus, das in einer Kommune oder einem Landkreis in Deutschland verkauft wird, muss einem solchen Gutachterausschuss samt Verkaufspreis gemeldet werden.

Dadurch ist es den Gutachterausschüssen möglich, einen exakten Marktüberblick über aktuelle Grundstücks- und Hauspreise zu erhalten und einen Gutachterbericht mit einem Preisspiegel zu erstellen. Meist geschieht dies jährlich. Diese Gutachterberichte können Sie einsehen, häufig auch bei Ihrer Kommune käuflich erwerben.

Haben Sie einen solchen Bericht, müssen Sie nur noch den durchschnittlichen Grundstücks-Quadratmeterpreis in dem von Ihnen bevorzugten Stadt- oder Landkreisgebiet nachsehen und mit der Größe des Ihnen angebotenen Grundstücks multiplizieren. Diese Summe ziehen Sie dann von dem Ihnen vorgelegten Kaufpreis ab.

Übrig bleibt dann der Anteil, den das Gebäude selbst kosten wird. Wenn Sie nun noch wissen, welche Grundfläche in Quadratmetern das Gebäude hat, haben Sie rasch den Preis, den ein Quadratmeter dieses Gebäudes kostet. Sie haben durch dieses einfache Verfahren eine gute Überprüfungsmöglichkeit für die Angemessenheit des Kaufpreises des Ihnen angebotenen Objektes. Sie können diese Überprüfung vornehmen, in dem Sie den Preis, den Sie für das gebrauchte Gebäude ohne Grundstück zahlen müssten, mit den Kosten einer neuen Immobilie vergleichen (siehe auch Grafik S. 95).

5.2 Kostenvergleich des Angebots

Sie können davon ausgehen, dass die Errichtung eines neuen Einfamilienhauses in Deutschland zwischen 1.500 (niedriger Standard, einfache Ausstattung) und 3.500 Euro (hoher Standard, gehobene Ausstattung) kostet. Wenn Sie also den Quadratmeterpreis des Ihnen angebotenen Objektes ermittelt haben und dieser zwischen 1.500 und 2.000 Euro liegt, können Sie nicht unbedingt eine gehobene Ausstattung erwarten. Wenn Sie hingegen einen Quadratmeterpreis von 2.500 bis 3.500 Euro errechnet haben, den die Ihnen angebotene neue oder gebrauchte Immobilie kosten soll, können Sie auch einen gehobenen Standard erwarten, das heißt beispielsweise Parkettboden, moderne Heizung, gute Fenster (mindestens Isolierverglasung), gute Fliesen und hochwertige Sanitäreinrichtungen.

5.3 Zusätzliche Kosten zum Kaufpreis

Neben dem eigentlichen Kaufpreis fallen noch eine Reihe weiterer Kosten an, die zum Teil nicht unerheblich sind. Hierzu gehören:

- Grunderwerbsteuer 3,5 %
- Notargebühren:
  - Beurkundung
    (nachstehende Gebühren nur im Einzelfall)
  - Vorkaufsrechtsverzichtserklärung
  - Gebühr Fälligkeitsüberwachung
  - Umschreibungsüberwachung (entfällt bei Notaranderkonto)
  - Kosten Notaranderkonto

- Gerichtskosten:
  - Auflassungsvormerkung
  - Eigentumsumschreibung
  - Löschung Auflassungsvormerkung
  - Grundschuldeintragung
  - Beglaubigung von Grundbuchauszügen

- Finanzierungskosten Bank:
  - Wertschätzungsgebühr

- eventuell zusätzliche Kosten:
  - evtl. Kosten für Makler 3 bis 6 %
  - evtl. Erschließungsbeiträge der Stadt
    (z.B. längst ausgeführte Arbeiten an Straßen, Fußwegen, Straßenbeleuchtung, jedoch noch nicht in Rechnung gestellt)
  - evtl. Anwaltskosten (Beratung, Kaufvertrag usw.)
  - evtl. Honorar Sachverständiger Sanierungskosten
  - evtl. Untersuchung von Boden-, Wasserproben usw.

- weitere mögliche Aufwendungen:
  - Sanierungs-, Modernisierungs- oder Umbaukosten
  - Umzugskosten.

Nachfolgend finden Sie ein Beispiel der Analyse eines Kaufpreises und eines Kostenvergleichs zum Neubau.

Beispiel Einschätzung des Kaufpreises für ein Einfamilienhaus	
Einfamilienhaus, freistehend, Baujahr 1975 Lage am Stadtrand, ruhiges Wohngebiet Grundstückstücksgröße ca. 550 m^2 Wohnfläche ca. 180 m^2, Keller, Erdgeschoss, Dachgeschoss ausgebaut einfache bis mittlere Ausstattung	
Geforderter Kaufpreis	**385.000 EUR**
1.0 Aufsplittung des Kaufpreises:	
1.1 Grundstückswertanteil (Durchschnittlicher m^2-Preis Bauland im betreffenden Wohngebiet 240 EUR / m^2): 1.2 Gebäudewertanteil (Kaufpreis minus Grundstückswertanteil):	132.000 EUR 253.000 EUR
2.0 Kosten pro m^2 Wohnfläche:	
Wohnfläche des Hauses: 180 m^2 Gebäudewertanteil: 253.000 EUR (Gebäudewertanteil geteilt durch Wohnfläche):	(1.406 EUR / m^2)
3.0 geschätzter Sanierungsaufwand:	
teilweise Sanierung Kelleraußenwand Einbau neuer Fenster Einbau neuer Haustüre Putzausbesserung der Fassade Erneuerung Außenanstrich Dachdeckung in Teilbereichen ausbessern Einbau eines neuen Heizungsbrenners defekte Heizkörper austauschen Elektroinstallation erweitern Fliesenerneuerung in Bad und WC Sanitärgegenstände austauschen Parkettboden abschleifen und neu versiegeln Maler- und Tapezierarbeiten innen	21.000 EUR 18.500 EUR 3.000 EUR 3.000 EUR 6.200 EUR 3.100 EUR 3.500 EUR 2.500 EUR 2.500 EUR 4.100 EUR 3.800 EUR 1.500 EUR 5.400 EUR
Gesamt	78.100 EUR
Kosten pro m^2 Wohnfläche saniert (Gebäudewertanteil plus Sanierungskosten geteilt durch Wohnfläche):	(1.839 EUR / m^2)
4.0 Vergleich der Kosten pro m^2 zu einem gleichwertigen Neubau (incl. Architektenkosten, Erschließungskosten, usw.)	
Neubau einfache Ausstattung Neubau mittlere Ausstattung Neubau gehobene Ausstattung Neubau hochwertige Ausstattung	bis 1.280 EUR / m^2 bis 1.800 EUR / m^2 bis 2.300 EUR / m^2 über 2.300 EUR / m^2
Ergebnis: **Das Haus ist nach Sanierung fast so teuer wie ein gleichwertiger Neubau!**	

5.0 Die Beurteilung des Kaufpreises

Beispiel Gesamtkosten beim Hauskauf	
Einfamilienhaus, freistehend, Baujahr 1975 Lage am Stadtrand, ruhiges Wohngebiet Grundstückstücksgröße ca. 550 m^2 Wohnfläche ca. 180 m^2, Keller, Erdgeschoss, Dachgeschoss ausgebaut einfache bis mittlere Ausstattung	
Geforderter Kaufpreis:	**385.000 EUR**
Grunderwerbsteuer 3,5 % (in einigen Bundesländern bereits 5 %)	13.650 EUR

Notargebühren:
- Beurkundung:
  nachstehende Gebühren nur im Einzelfall:
- Vorkaufsrechtsverzichtserklärung:
- Gebühr Fälligkeitsüberwachung:
- Umschreibungsüberwachung:
  (entfällt bei Notaranderkonto)
- Kosten Notaranderkonto:
	
	ca. 1.310 EUR
	
	(ca. 165 EUR)
	(ca. 120 EUR)
	(ca. 120 EUR)
	
	(ca. 1.015 EUR)

Gerichtskosten: - Auflassungsvormerkung: - Eigentumsumschreibung: - Löschung Auflassungsvormerkung: - Grundschuldeintragung (z.B. 200.000 EUR): - je Grundbuchauszug beglaubigt:	 ca. 330 EUR ca. 655 EUR ca. 165 EUR ca. 360 EUR ca. 18 EUR
Finanzierungskosten Bank: Wertschätzungsgebühr: 0 bis 500 EUR	 ca. 500 EUR
Zwischensumme:	**ca. 401.838 EUR**
Eventuell zusätzliche Kosten: – evtl. Kosten für Makler 3,48% – evtl. Erschließungsbeiträge der Stadt (längst ausgeführte Arbeiten an Straßen, Fußwegen, Straßenbeleuchtung, die jedoch noch nicht in Rechnung gestellt wurde) – evtl. Anwaltskosten (Beratung, Kaufvertrag usw.) – evtl. Honorar Sachverständiger Sanierungskosten: – evtl. Untersuchung von Boden-, Wasserproben usw.	 13.572 EUR z.B. 10.000 EUR z.B. 1.000 EUR z.B. 1.000 EUR z.B. 500 EUR
Zwischensumme	**26.072 EUR**
Weitere mögliche Aufwendungen: – Sanierungskosten in diesem Beispiel – Umzugskosten – Einbau neuer Küche – Vorhänge, Möbel usw. – Unvorhergesehenes	 ca. 78.100 EUR ca. 3.500 EUR ca. 20.000 EUR ca. 10.000 EUR ca. 10.000 EUR
Zwischensumme	**ca. 121.600 EUR**
geforderter Kaufpreis: Gesamtkosten in diesem Beispiel:	385.000 EUR ca. 549.510 EUR
Differenz zum Kaufpreis:	**ca. 164.510 EUR**

6.0 Der Kaufvertrag einer neuen und gebrauchten Immobilie

Je nachdem, ob Sie eine gebrauchte oder eine neue Immobilie kaufen, unterscheiden sich die Kaufverträge leicht. Gemeinsam ist beiden Formen des Hauskaufs allerdings, dass die Kaufverträge notariell beurkundet werden müssen, da auch Grundstücke mit übertragen werden. Selbst wenn Sie nur das Haus erwerben und das Grundstück nur pachten, etwa über einen Erbpachtvertrag, bei dem Sie eine monatliche oder jährliche Miete für das Grundstück zahlen, muss dieser Vertrag notariell beurkundet werden. Zunächst aber zu den Vertragsformen und Vertragsinhalten.

6.1 Der Kaufvertrag einer neuen Immobilie

Wenn Sie ein Haus neu erwerben und hierfür kein eigenes Grundstück zur Verfügung steht, damit also der Kauf eines Fertighauses entfällt, werden Sie in aller Regel ein neues Haus von einem Bauträger erwerben. Häufig sind dies Reihenhausangebote, bei dem Sie entweder das Reihenhaus mit eigenem Grundstück erwerben oder aber das Reihenhaus nach dem Wohnungseigentumsgesetz (WEG). Im ersten Fall kaufen Sie also ein Haus samt Grundstück, das dann wirklich nur Ihnen gehört, in zweiten Fall kaufen Sie ein Haus, dass auf einem großen Gesamtgrundstück steht, das Ihnen und Ihren Nachbarn sozusagen gemeinsam gehört. Sie werden dann über eine sogenannte Wohnungseigentümergemeinschaft Teilhaber an diesem Grundstück und können über bestimmte Dinge bedingt mitbestimmen. Zwar werden Sie das bei der Besichtigung zunächst gar nicht merken, da auch auf einem gemeinsamen Grundstück jeweils eigene Gärten für die einzelnen Häuser abgetrennt sein können, aber es handelt sich dann nicht um eine sogenannte »Realteilung«, bei der Ihr Haus und Ihr Grundstück tatsächlich Ihnen gehören und auf Ihren Namen im Grundbuch eingetragen werden.

Der Grund, warum immer mehr Bauträger diese Form der Reihenhauserstellung wählen, kann der sein, das sich unter den Häusern oder unter dem Garten eine Tiefgarage für die gesamte Wohnanlage befindet, was rechtlich am einfachsten über eine Wohnungseigentümergemeinschaft zu verwalten ist. Der entscheidende Grund sind meist aber größere Kostenersparnisse für den Bauträger, wodurch er entweder seine Gewinnmarge erhöhen oder aber ein sehr günstiges Angebot auf dem Markt platzieren kann. So haben Reihenhäuser nach dem Wohnungseigentumsgesetz beispielsweise häufig nicht nur eine gemeinsame Heizungsanlage, sondern auch durchlaufende Decken, einfache Haustrennwände und gemeinsame Dächer.

Für die Vertragsinhalte ist es ein großer Unterschied, ob Sie ein Reihenhaus nach Realteilung oder nach WEG-Recht kaufen. Bei einem Hauskauf nach WEG-Recht wird eine zusätzliche Vertragsanlage notwendig, die sogenannte Teilungserklärung. Sie sollte aus einem zeichnerischen und einem textlichen Teil bestehen. In dieser Anlage müssen dezidiert Ihre Anteile an der Gesamtanlage aufgeführt sein, zeichnerisch und textlich, außerdem sollten exakte und umfassende Regelungen zur gemeinschaftlichen Verwaltung des Anwesens getroffen werden, hierzu gehören insbesondere Regelungen zur Wartung der Gebäude- und Haustechnik und deren anteilsmäßige Kostenübernahme durch die verschiedenen Eigentümer, Reparaturen und deren Kostenumlage auf die Eigentümer, sowie selbstverständlich Regelungen zu den Verwaltungs- und Nutzungskosten (also Müllgebühren, Heizkostenumlagen usw.). Da eine WEGemeinschaft in aller Regel auch von einem sogenannten WEG-Verwalter verwaltet wird, sollten auch dessen Kosten und Pflichten als Anlage zum Kaufvertrag gehören. Da das WEGesetz umfassend und relativ komplex ist, raten wir Ihnen für den Fall, dass Sie ein Haus nach WEG-Recht erwerben wollen dazu, auch den Ratgeber »Kauf einer Eigentumswohnung – neu oder gebraucht«, der ebenfalls im Fraunhofer IRB Verlag erschienen ist, aufmerksam zu lesen, denn das WEG-Recht findet eigentlich Anwendung für Eigentumswohnungen. Kaufen Sie jedoch ein Haus nach WEG-Recht, erwerben Sie nichts anderes als eine Eigentumswohnung in Hausform. Das muss Ihnen klar sein.

Der Kaufvertrag einer Neuimmobilie nach Realteilung richtet sich grundsätzlich nach den Bestimmungen der §§ 433 ff. des BGB. Diese geben unter anderem auch eine Gliederung für einen Kaufvertrag vor. Demnach baut sich ein Kaufvertrag folgendermaßen auf:

- Leistung des Verkäufers
- Modalitäten der Leistung: Besitzübergabe, Übergang von Nutzen und Lasten (§ 446 BGB)
- Zahlung des Kaufpreises
- Rechtsmängelhaftung (§ 435 BGB)
- Sachmängelhaftung (§§ 434 ff. und §§ 633 ff. BGB)
- Regelung der Erschließungskosten (§ 436 BGB)
- Nebenbestimmungen.

Allerdings ist es so, dass in vielen Fällen neu zu erwerbende Immobilien zum Zeitpunkt des Kaufs noch gar nicht gebaut sind. Das heißt, Sie erwerben eine bislang nur auf dem Papier existierende Immobilie. Deswegen gilt für den Kauf solcher nur »fiktiv« existierenden Immobilien zusätzlich die Makler- und Bauträgerverordnung (MaBV), in der – leider nur grob (siehe Kapitel 3.2) – geregelt wird, für welche Baufortschritte welche Zahlungen geleistet werden müssen. Der Kaufvertrag einer Immobilie ist nun eine gute Gelegenheit, hierfür exakte Regelungen zu treffen (siehe Kapitel 3.2).

Damit bei einer überhaupt erst noch zu errichtenden Immobilie auch klar ist, was denn überhaupt errichtet wird, ist auch die Baubeschreibung ein wichtiger Bestandteil des Kaufvertrages einer neuen Immobilie (siehe Kapitel 3.4).

Neben der Teilungserklärung und der Baubeschreibung sind auch die Wohnflächenberechnung und der Energiebedarfsausweis wichtige Bestandteile des Kaufvertrags einer neuen Immobilie. Viele wichtige Informationen zur Wohnflächenberechnung haben Sie bereits in Kapitel 3.5 kennen gelernt. Wichtig ist für den Kaufvertrag jetzt noch, dass die Wohnflächenberechnung nach der Wohnflächenverordnung samt Rechenweg im Vertrag auch als Vertragsbestandteil benannt ist. Genauso verhält es sich mit dem Energiebedarfsausweis, den Sie in Kapitel 3.6 kennen lernen konnten. Er ist zwar gesetzlich ohnehin vorgeschrieben, trotzdem ist es nicht falsch, auch ihn im Vertrag als Vertragsanlage zu benennen, auch diesen möglichst samt Rechenweg.

Meist wird Ihnen der Kaufvertrag von der Verkäuferseite, also z. B. dem Bauträger, vorgelegt werden. Dieser Vertrag ist dann natürlich meist gänzlich zu dessen Vorteil gestaltet. Es ist daher unerlässlich, dass Sie einen solchen Vertrag vor Unterzeichnung einem auf Bau- und Architektenrecht spezialisierten Anwalt zur präventiven Prüfung vorlegen. In einigen Bundesländern bieten auch die Verbraucherzentralen eine solche Prüfung an (so z. B. in Baden-Württemberg, in Hessen und in Rheinland-Pfalz), ferner können Sie auf Vertrauensanwälte des Bauherren-Schutzbundes zurückgreifen (www.bsb-ev.de) oder aber über das Branchenfernsprechbuch »Gelbe Seiten« oder einen Internetsuchdienst, wie z. B. www.anwaltsuchservice.de oder aber über die Arbeitsgemeinschaft Bau- und Immobilienrecht im Deutschen Anwaltverein (www.arge-baurecht.com), nach einem Spezialisten Ausschau halten. Zwar ist eine anwaltliche Beratung nicht kostenfrei, aber diese Geld ist sehr sinnvoll investiert. Dies mag Ihnen ein einziges Beispiel verdeutlichen:

Sie erwerben ein Haus vor Baubeginn. Nach Vertragsabschluss beginnt der Bauträger mit der Erstellung des Hauses und Sie treten über die Ratenzahlungen in hohe finanzielle Vorleistungen. Während der Ausbauarbeiten wird der Bauträger insolvent und Sie stehen vor folgender Situation:

- Handwerker haben bereits erhebliche Leistungen am Gebäude erbracht, sind vom Bauträger aber noch nicht dafür bezahlt worden.
- Die Arbeiten werden auf unbestimmte Zeit eingestellt.
- Die rechtliche Situation und der Eigentumsübergang muss zunächst geklärt werden, da nicht Sie der Bauherr sind, sondern der Bauträger.
- Die Handwerker fordern Sie auf, die unbezahlten Rechnungen zu bezahlen, oder das Material wird soweit möglich wieder ausgebaut. Da Sie die Raten hierfür bereits gezahlt haben, würden Sie doppelt bezahlen.
- Die Kosten für die Fertigstellung der Restarbeiten sind weitaus höher als die für diese Leistungen vereinbarten Zahlungsraten.
- Gewährleistungsansprüche bei Mängeln können Sie gegenüber dem Bauträger nicht geltend machen, da dieser »pleite« ist.

Im schlimmsten Fall kann eine solche Situation dazu führen, dass Ihnen die Geldmittel ausgehen, Sie dann eine teure Nachfinanzierung vornehmen müssen und die Gesamtbelastung der Finanzierung Ihre Möglichkeiten übersteigt.

Als Sicherung für diesen Fall benötigen Sie also entweder eine Fertigstellungsbürgschaft des Bauträgers oder aber eine Fertigstellungsversicherung, die der Bauträger abschließen muss. Diese muss Vertragsbestandteil Ihres Kaufvertrages werden. Außerdem muss eine Gewährleistungsversicherung abgeschlossen werden, für den Fall, dass der Bauträger in der Gewährleistungszeit insolvent wird, die die Kosten einer Mängelbeseitigung übernimmt. Deren Deckung wiederum muss überprüft werden durch Rückruf bei der Versicherung und schriftliche Bestätigung von dieser. Ein auf diesem Gebiet versierter und prozesserfahrener Anwalt kann sie durch diese Klippen steuern und Ihnen von vornherein helfen, wenn Sie ihn präventiv einschalten. Leider werden Anwälte meist erst dann eingeschaltet, wenn vieles schon zu spät ist, zum Beispiel wenn Verträge schon geschlossen sind oder erste Probleme auftauchen. Anwaltliche Hilfe kann in einem solchen Fall häufig nur noch aus Schadensbegrenzung bestehen, weil nicht selten schon sehr käufernachteilige Verträge geschlossen sind.

6.2 Der Kaufvertrag einer gebrauchten Immobilie

Eine gebrauchte Immobilie wird unter anderen Voraussetzungen gekauft als eine neue, insbesondere dann, wenn eine neue Immobilie noch gar nicht errichtet ist. So werden Sie beispielsweise Baubeschreibungen bei gebrauchten Immobilien kaum antreffen, es sei denn das Haus ist erst wenige Jahre alt und die ursprüngliche Baubeschreibung ist noch vorhanden. Bei Immobilien, die vor dem Zweiten Weltkrieg errichtet wurden, existieren häufig nicht einmal mehr die Baupläne. Andererseits sind Sie beim Kauf einer gebrauchten Immobilie auch von bestimmten Risiken befreit, wie beispielsweise dem, dass der Bauträger in die Insolvenz gerät und das Bauvorhaben nicht fertiggestellt werden kann. Aus diesen Gründen sind auch die Kaufverträge von gebrauchten Immobilien meist nicht mit so vielen Anlagen behaftet, wie die von neuen (Baubeschreibung, MaBV-Zahlungspläne usw.). Auf der anderen Seite müssen bei gebrauchten Immobilien bestimmte Dinge, wie zum Beispiel mögliche Übergabe von Einbauten, wie z.B. Einbauküchen, genau geregelt werden.

Der Kaufvertrag eines gebrauchten Hauses ist nach seinem strukturellen Aufbau ähnlich wie der Kaufvertrag einer neuen Immobilie. Er sollte dabei vor allem folgende Regelungen enthalten:

- Auflistung der Vertragsparteien (also Verkäufer und Käufer) mit vollständigem Namen und vollständiger Anschrift
- formale Beschreibung des Veräußerungsobjekts, mit Flurstücknummer, Grundbuchauszug, vollständige Hausanschrift, Grundstücks- und Gebäudegröße
- exakter Kaufpreis mit Angabe der Währung und des Netto- und Bruttopreises, soweit nicht von Privat gekauft wird
- Regelungen zur Veranlassung der umgehenden Eintragung einer Auflassungsvormerkung ins Grundbuch durch den Notar
- Bezugszustand (also etwa renoviert oder »wie gesehen«, ferner: »komplett geräumt, besenrein«) und das exakte Bezugsdatum sollten in den Kaufvertrag aufgenommen werden
- alle Vertragsanlagen sollten benannt werden: Hauspläne, Gebäudeenergiepass, Garantie- und Wartungsunterlagen, Versicherungsverträge, Mietverträge bei vermieteten Immobilien
- rechtlicher Besitzübergang sollte geregelt werden – also wann und auf welche Weise geht die Immobilie vom Verkäufer auf den Käufer über (z.B. am Tag des Eingangs des Kaufbetrags auf dem Konto des Verkäufers)

- Regelungen über mitverkaufte Einrichtungsgegenstände (also etwa zu welchem Preis und in welchem Zustand werden eine Einbauküche, oder auch Gardinenstangen, Lampen usw. mitverkauft)

- Reglungen zur Sachmängelhaftung

- Regelungen zur Übertragung von Gewährleistungsansprüchen (z. B. hinsichtlich einer gerade erst eingebauten neuen Heizung oder neuer Fenster usw.)

- Regelungen zur Rechtsmängelhaftung

- Regelungen zu den Erschließungskosten (z. B. durch kommunale Bestätigung, dass keine Erschließungskosten des Hauses mehr bestehen oder anfallen)

- Rücktrittsrechte (wer kann unter welchen Voraussetzungen vom Vertrag zurücktreten)

- Vollzugsbestimmungen

- Ausfertigungen und Abschriften

- Hinweise und Belehrungen durch den Notar

- salvatorische Klausel.

Sie werden bei Kaufverträgen von Bestandsimmobilien in der Regel entweder mit Kaufverträgen von Maklern konfrontiert werden, die vom Verkäufer mit der Abwicklung des Kaufvorgangs beauftragt wurden oder aber man wird Ihnen von privater Seite Verträge vorlegen. Auch hier ist es wichtig, dass Sie sich einen solchen Vertrag aushändigen lassen, um ihn von einem Anwalt prüfen zu lassen. Ihr Anwalt sollte auch Kopien des Grundbuchauszugs und des Baulastenverzeichnisses des entsprechenden Grundstücks erhalten, um diese prüfen zu können. In letzterem finden sich beispielsweise Eintragungen über Bauzugeständnisse, die der Vorbesitzer des Hauses den Nachbarn gemacht hat (z. B. hinsichtlich der Abstandsfläche zu seinem Grundstück), wodurch sich für Sie zusätzliche Umbaubeschränkungen ergeben könnten. Existieren Teilungspläne der Immobilie, sollten auch diese Ihrem Anwalt vorgelegt werden. Es hat sich als positiv herausgestellt, wenn ihm darüber hinaus auch Hauspläne vorliegen, so dass er sich eine konkrete Vorstellung des Gebäudes machen kann.

Betrachten Sie den Ihnen vorgelegten Kaufvertrag zunächst als Vorschlag, bei dem Sie durchaus auch eigenen Gestaltungswillen einbringen können. Wichtig ist, dass keine Regelungen enthalten sind, die Sie grob benachteiligen, wie zum Beispiel der Ausschluss von Rechts- oder Sachmängelhaftungen (ein Rechtsmangel läge vor, wenn eine andere Person ohne Ihr Wissen ein Vorkaufsrecht an dem Gebäude hat, ein Sachmangel läge vor, wenn das Haus mit einem Baumangel veräußert wird, den der Vorbesitzer kennt, Ihnen aber verschweigt).

Wenn es Ihnen möglich ist, eigene Vorschläge in den Kaufvertrag einzubringen, ist es wichtig, dass dies sorgsam geschieht und neue Regelungen nicht alten zuwiderlaufen. Kaufvertragsformulierungen sollten entweder gleich durch Juristen vorgenommen werden oder aber auf alle Fälle von Juristen geprüft werden, wenn Sie, ein Makler oder ein privater Verkäufer Neuformulierungen vornehmen. Hier reichen schon kleinste Fehler, um ggf. fatale Auswirkungen zu haben.

Neben dem Kaufvertrag einer gebrauchten Immobilie sind auch die Anlagen zu diesem sehr wichtig. Hierzu gehören:
- der Gebäudeenergiepass
- die Wohnflächenberechnung
- ggf. die Teilungserklärung
- ggf. Hauspläne und Baubeschreibung
- evtl. Wartungsverträge und Garantieerklärungen
- evtl. Auflistung der abgeschlossenen Gebäudeversicherungen.

Sind diese Anlagen zum Kaufvertrag nicht explizit als Vertragsbestandteile benannt, werden sie auch nicht Teil des Kaufvertrags.
Informationen zu den wichtigsten Anlagen, wie Wohnflächenberechnung und Gebäudeenergiepass finden Sie in den Kapitel 3.5 und 4.5.

6.3 Die notarielle Beurkundung

Der Kaufvertrag einer Immobilie muss in Deutschland zwingend notariell beurkundet werden. Das heißt, dass es einen Termin in den Räumen eines Notars gibt, bei dem die Verkäuferseite, die Käuferseite und ein Notar zugegen sind. Der Kaufvertrag wird bei diesem Termin vom Notar noch einmal vorgelesen und dann von der Verkäuferseite, von der Käuferseite und zuletzt vom Notar unterzeichnet. Dadurch ist der Kaufvorgang notariell beurkundet. Im Gegensatz zu einer weitverbreiteten Meinung ist es aber nicht so, dass einen der Notar zu Vor- und Nachteilen des Vertrages berät. Der Notar ist gesetzlich angehalten, eine neutrale Amtshandlung vorzunehmen. Er berät also nicht die beiden Vertragsparteien zu ihren jeweiligen Interessen. Ein Notar nimmt im Wesentlichen nur die Beurkundung des Kaufvertrages vor. Das heißt, auch ein für Sie als Käufer sehr ungünstiger Kaufvertrag, der sich aber noch im Rahmen der Gesetze bewegt, also z. B. nicht sittenwidrig ist, kann und wird ohne weiteres durch einen Notar im Rahmen eines Kaufvorgangs beurkundet werden. Sie müssen also den Vertrag, den Sie vor dem Notar unterzeichnen werden, schon im Vorfeld sehr gut kennen und eigenständig überprüfen. Die Arbeitsgemeinschaft Bau- und Immobilienrecht im Deutschen Anwaltverein (www.arge-baurecht.com) empfiehlt daher die präventive Prüfung eines Kaufvertrages durch einen Anwalt mit Interessenschwerpunkt im Immobilienrecht. Im Gegensatz zum Notar kann dieser Sie in vollem Umfang auf alle für Sie nachteiligen Vertragsgestaltungen aufmerksam machen und Änderungsvorschläge erarbeiten.

Das Notarrecht ist in Deutschland je nach Bundesland unterschiedlich geregelt. Während es z. B. in einigen Ländern bzw. Landesteilen Staatsnotariate gibt, so z. B. noch im Landesteil Baden des Bundeslandes Baden-Württemberg, gibt es in anderen Bundesländern Anwaltsnotare. Dies sind Rechtsanwälte, die neben ihrer anwaltlichen Tätigkeit auch notarielle Aufgaben wahrnehmen. Dies ist z. B. in Hessen und Rheinland-Pfalz der Fall. Ferner gibt es sogenannte Nurnotare, dies sind freie Notare, die ausschließlich als Notare arbeiten. Das ist beispielsweise in Hamburg der Fall.

Viele Bauträger arbeiten bereits seit langer Zeit mit einem bestimmten Notar zusammen und es bleibt dabei nicht aus, dass sich hierbei eine sehr harmonische Zusammenarbeit ergibt, denn jede Beurkundung, die ein Bauträger an einen Notar gibt, bringt dem Notar natürlich Einnahmen. Daher werden Ihnen die meisten Bauträger auch einen bestimmten Notar benennen, bei dem die Beurkundung stattfinden soll. Grundsätzlich ist es jedoch so, dass Sie den Notar frei wählen können und nicht den Notar des Bauträgers nehmen müssen. Auch wenn Sie z. B. ein Haus in Baden kaufen, wo es Staatsnotariate gibt, können Sie das Haus ebenso gut durch einen niedergelassenen Notar in Rheinland-Pfalz beurkunden lassen.

Notariell zu beurkundende Verträge muss Ihnen der Notar üblicherweise mindestens 14 Tage vor dem Beurkundungstermin zustellen. Aber selbst diese Fristenregelung ist sehr knapp. Denn Sie müssen den ggf. sehr umfangreichen Kaufvertrag ja auch noch in Ruhe durchsehen und nach Möglichkeit auch einem Rechtsanwalt zur Durchsicht geben, um ihn dann gemeinsam durchzusprechen. Es ist daher sinnvoll, zunächst einmal einen Vertragsvorschlag vom Notar zu erhalten, unabhängig von einem Termin. Das lehnen einige Notare ab, weil sie darin zunächst Arbeit ohne finanzielle Entschädigung sehen. Dem kann man aber argumentativ entgegentreten, indem man sagt, dass man dann zwar einen konkreten aber zeitlich weit entfernten Termin vorschlägt.

Ist ein Kaufvertrag erst einmal geschlossen, haben Sie grundsätzlich kein Rücktrittsrecht mehr. Auch dies ist wichtig zu wissen, bevor Sie sich zur Unterzeichnung eines Kaufvertrages entschließen.

Dies wissen Bauträger natürlich und bauen daher teilweise enormen terminlichen Druck gegenüber potentiellen Käufern auf. Nicht selten wird davon gesprochen, dass man sich rasch entscheiden müsse, weil schon fast alle Häuser weg seien usw. Dies mag im Einzelfall sogar stimmen, bei weitem aber nicht immer. Eile und Hektik sind jedoch beim wahrscheinlich größten Investitionsvorhaben Ihres Lebens sehr schlechte Begleiter. Lassen Sie sich daher eher nicht beeindrucken, verhandeln Sie ggf. über Reservierungsmöglichkeiten und Rücktrittsbedingungen von Reservierungen, aber gehen Sie die notarielle Beurkundung des Kaufvertrages mit Ruhe und Übersicht an.

7.0 Die Bauphase eines projektierten Neubaus

Wenn Sie ein Gebäude neu kaufen, also zum Beispiel ein Reihenhaus von einem Bauträger, ist dieses, wie schon erwähnt, vielleicht erst in Planung. Das heißt, dann liegt die Bauphase noch komplett vor Ihnen. Was ein Risiko ist, kann auch eine Chance sein, denn Sie können so natürlich mitverfolgen, wie und in welcher Weise Ihr Haus gebaut wird. Was Sie dabei selbst für die Bauqualität tun können, erfahren Sie nachfolgend.

7.1 Möglichkeiten und Grenzen der Baukontrolle

Möglicherweise werden Sie bei Ihrem Bauvorhaben das erste Mal in Ihrem Leben überhaupt so dicht mit dem Bauen zu tun haben. Das Bauen hat – wie viele andere Lebensbereiche auch – ganz eigene Gesetze und es ist gut, diese ein wenig zu kennen, bevor der Baustart erfolgt. Grundsätzlich ist es so, dass Sie, wenn Sie eine projektierte Immobilie vom Bauträger kaufen, diese nur ratenweise erwerben. Das heißt, bis zur Fertigstellung ist der Bauträger auch der Bauherr, erst mit Fertigstellung und Übergabe der Immobilie an Sie werden Sie Eigentümer des Hauses.

Viele Bauträger nehmen in die Kaufverträge Klauseln auf, dass das Betreten des Grundstücks während der Bauphase ohne ausdrückliche Zustimmung des Bauträgers untersagt ist. Solche Regelungen nehmen Ihnen jede Möglichkeit, die Bauqualität unabhängig und persönlich in Augenschein zu nehmen, daher sollten solche Regelungen keinesfalls in einem Kaufvertrag verbleiben. Sie brauchen grundsätzlich die Möglichkeit, die Baustelle, zu betreten, wann und wie immer sie die Baustelle betreten wollen. Mehr noch: Sie müssen die Baustelle auch gemeinsam mit einem Fachmann, also etwa mit einem Architekten oder einem Bauingenieur, betreten dürfen, wann immer Sie wollen. Hierzu sollte auch eine Bauherren-Haftpflichtversicherung durch den Bauträger für Sie abgeschlossen sein, falls auf der Baustelle etwas passiert.

Eine baubegleitende Bauqualitätskontrolle kann helfen, langwierige Folgeprobleme, die in der Bauphase ihren Ursprung haben, zu verhindern oder doch zumindest einzudämmen. Ein Bespiel kann hierbei eine unzureichende Kelleraußenwandabdichtung sein. Ein Bauträger wird es sich zweimal überlegen, diese nicht nachzuarbeiten, wenn Sie ihn durch Stellungnahme eines Bausachverständigen darauf hinweisen. Denn auch er befürchtet natürlich, dass Sie bereits genug Beweismaterial sammeln um von ihm spätestens nach Baufertigstellung und dann während der Abnahme Nachbesserung zu verlangen, die für ihn dann schlichtweg teurer werden.

Als Laie ist es jedoch schwierig, Ausführungsfehler bei Bauvorhaben zu erkennen. Eine Lösung kann daher sein, dass Sie eine professionelle, baubegleitende Bauqualitätskontrolle in Anspruch nehmen. Solche baubegleitenden Bauqualitätskontrollen bietet zum Beispiel der Bauherren-Schutzbund an (www.bsb-ev.de). Mit Fachleuten aus Ihrer Nähe können Sie dann regelmäßige Baustellenbegehungen vornehmen.

Es ist allerdings so, dass Sie während der laufenden Bauphase kein Recht auf Nachbesserung seitens des Bauträgers haben. Dieses Nachbesserungsrecht haben Sie grundsätzlich erst durch den termin, bei dem Sie im Abnahmeprotokoll Mängel und deren Beseitigungsaufforderung festhalten können.

Daher ist es besonders wichtig, dass Sie im Bauträgervertrag ein ganz normales Einbehaltrecht für Gelder vereinbaren, die dem Bauträger aufgrund nicht ordnungsgemäßer Ausführung auch nicht zustehen. Sie zahlen dann zwar die Raten gemäß MaBV aber können hierbei Einbehalte vornehmen. Dies ist häufig der einzige Weg, um auf den Bauträger überhaupt Druck ausüben zu können.

7.2 Vorgehen bei Mängeln

Während Sie beim Bauen auf dem eigenen Grundstück, zum Beispiel beim Bauen mit dem Architekten oder mit dem Fertighausanbieter, zahlreiche Möglichkeiten haben, bei der Sichtung von Mängeln umgehend einzuschreiten und Maßnahmen zu ergreifen, ist dies beim Bauen mit dem Bauträger ganz anders. Hier ist es zwar wichtig, dass Sie – wie weiter oben erwähnt – die Möglichkeit haben, die Bauqualität fortlaufend zu beobachten und auch finanzielle Einbehalte zu vollziehen, sehr viel mehr ist Ihnen unter Umständen allerdings solange nicht möglich, solange die Abnahme des Bauvorhabens durch Sie nicht erfolgt. Dann allerdings können Sie den gesamten Katalog Ihrer Mängeldokumentation in die Waagschale werfen. Wenn Sie eine solche sorgfältige Baumängeldokumentation anlegen und dem Bauträger mitteilen, dass Sie dieser spätestens beim Abnahmetermin vollumfänglich Geltung verschaffen werden, indem Sie die umfassende Nachbesserung der dort verzeichneten Mängel verlangen werden, ist dies schon ein erhebliches Druckmittel.

Es ist allerdings so, dass das Bauen von Häusern nach wie vor in hohem Maße Handarbeit ist, es also nach wie vor gewisse Unexaktheiten und Unregelmäßigkeiten gibt. Daher gibt es sogar Normen für »Toleranzen im Hochbau«, die DIN 18201, 18202, 18203. Das heißt, bevor Sie einen Bauträger bezüglich Mängeln angehen, sollten Sie auch sicher sein, dass es sich bei einer Unregelmäßigkeit oder unsauberen Ausführung auch tatsächlich um einen Mangel handelt. Dies kann Ihnen am ehesten ein Fachmann sagen, beispielsweise ein Baufachmann des Bauherren-Schutzbundes aber auch ein Sachverständiger der Industrie- und Handelskammern (www.svv.ihk.de). Die Einschaltung solcher Fachleute kostet leider Geld, daher ist es wichtig, dass Sie vorab klären, wie teuer der Einsatz wird. Wichtig ist auf alle Fälle, dass auch Sie selbst das Bauvorhaben und problematische Details nicht zuletzt fotografisch gut dokumentieren und diese Dokumentation gut aufbewahren. Sie wird zum Abnahmetermin des Gebäudes eine wichtige Unterlage.

7.3 Luftdichtigkeitsprüfung

Ein gutes Instrument zur Qualitätsprüfung der Gebäudehülle ist eine Luftdichtigkeitsprüfung, der sogenannte Blower-Door-Test. Der Begriff kommt vom Vorgehen bei diesem Test. Hierbei wird in den Rahmen der Haustüre eine Folientüre eingesetzt. In dieser Folientür sitzt ein Gebläse (Blower-Door könnte man mit Gebläsetür übersetzen). Wenn alle Fenster geschlossen sind, bläst dieser Ventilator entweder Luft ins Haus oder aber – umgekehrt – entzieht dem Haus Luft. Dadurch entsteht im Haus entweder ein Über- oder ein Unterdruck im Vergleich zu dem das Haus umgebenden Luftdruck. Man misst nun, welches Luftvolumen pro Stunde aus dem Haus entweicht oder in das Haus nachströmt. Die Menge der entweichenden bzw. nachströmenden Luft lässt Rückschlüsse zu auf die Qualität der Dichtigkeit der Gebäudehülle. Wenn pro Stunde mehr als das 1,5-fache Luftvolumen des gesamten Hauses das Haus verlässt oder nachströmt, kann man nicht mehr von einer optimal abgedichteten Gebäudehülle sprechen.

Das Problem beim Blower-Door-Test ist, dass er erst sehr spät erfolgt, nämlich dann, wenn das Haus bereits fertig gestellt ist. Für eventuelle notwendige Nacharbeiten ist es dann sehr spät. Daher ist es eigentlich

Abb. 27:
Blower-Door-Test

Abb. 28:
Blower-Door-Test

sehr viel sinnvoller, Luftdichtigkeitsmessungen bereits vorzunehmen bevor die komplette Innenverkleidung an Dachstühlen angebracht wird oder bevor Innenwände tapeziert und gestrichen werden. Zu einem solchen Zeitpunkt sind dann noch Nachbesserungen mit vertretbarem Aufwand umsetzbar.

7.4 Bauablauf und Zeitbedarf

Damit Sie in etwa wissen, was beim Bauablauf auf Sie zukommt und mit welchem Zeitbedarf Sie für die einzelnen Gewerke rechnen müssen, geben Ihnen die nachfolgenden Abbildungsbezeichnungen einen Überblick über den Bau eines Hauses durch ein Bauträger und den Zeitbedarf.

Abb. 29:
Zeitbedarf von Baubeginn bis Fertigstellung 1. Rate (Erdarbeiten):
ca. 2 Wochen

7.0 Die Bauphase eines projektierten Neubaus

Abb. 30:
Zeitbedarf von Ende
1. Rate bis Fertigstellung
2. Rate (Rohbaufertigstellung einschl. Zimmererarbeiten): ca. 10 Wochen

Abb. 31:
Zeitbedarf von Ende
2. Rate bis Fertigstellung
3. Rate (Rohinstallation von Heizung, Sanitär und Elektrik): ca. 5 Wochen

Bauablauf und Zeitbedarf 7.4

Abb. 32:
Zeitbedarf von Ende
3. Rate bis Fertigstellung
4. Rate (Innenputz außer
Beiputzarbeiten):
ca. 3 Wochen

Abb. 33:
Zeitbedarf von Ende
4. Rate bis Fertigstellung
5. Rate (Estrich- und
Fliesenarbeiten):
ca. 6 Wochen

Abb. 34:
Zeitbedarf von Ende 5. Rate bis Fertigstellung 6. Rate (Bezugsfertigkeit gegen Besitzübergabe): ca. 6 Wochen

Abb. 35:
Zeitbedarf von Ende 6. Rate bis Fertigstellung 7. Rate (vollständige Fertigstellung): ca. 3 Wochen

Benötigt Ihr Bauträger für die einzelnen Bauschritte erheblich länger als oben abgebildet, sollten Sie stutzig werden. Denn Zeit ist Geld, gerade beim Bauen. Auch ein Bauträger sollte schon aus ökonomischen Gründen ein Interesse an einer möglichst zügigen Baufertigstellung haben. Zeitverzögerungen beim Bauen kommen im Wesentlichen entweder durch Schlechtwetterphasen, Engpässe bei Materiallieferungen oder aber eben leider durch Insolvenzen beteiligter Baufirmen oder Finanzengpässe der Investoren – also zum Beispiel des Bauträgers. Halten Sie daher auch den angemessenen zeitlichen Ablauf im Blick.

Eine Möglichkeit, den Bauträger zeitlich besser zu kontrollieren, ist die Vereinbarung von festen Zwischenterminen als Vertragsterminen im Zusammenhang mit den Zahlungsraten. Es wird also nicht nur vereinbart, welche Leistungen genau erbracht sein müssen, damit eine Rate fällig wird, sondern auch bis wann diese Leistungen erbracht sein müssen, beispielsweise bis zu einer bestimmten Kalenderwoche.

8.0 Die Abnahme einer neuen Immobilie

Wenn Sie ein Haus von einem Bauträger kaufen, werden Sie – soweit dies vertraglich vereinbart ist – auch eine Hausabnahme durchführen und zwar unabhängig davon, ob es Sie das Haus im projektierten, im halbfertigen oder im fertigen Zustand gekauft haben. Ist es fertig gestellt, erfolgt zunächst die Abnahme durch Sie. Was bedeutet dies und was ist eigentlich eine Abnahme?

Bei der Abnahme gehen Sie gemeinsam mit dem Verkäufer des Hauses durch das fertig gestellte Haus und begutachten es, um es schließlich, meist über ein Protokoll, als im Wesentlichen vertragsgemäß errichtet anzuerkennen. Dies ist ein gravierender rechtlicher Vorgang, denn das, was Sie bei diesem Termin anerkennen, können Sie anschließend nur noch sehr schwer als Mangel anfechten. Dementsprechend ist es auch so, dass es nach einer Abnahme zu einer Beweislastumkehr kommt. Das heißt, war der Unternehmer vor der Abnahme Ihnen gegenüber nachweispflichtig, dass es sich bei einer Beanstandung um keinen Mangel handelt, müssen Sie ihm nach der Abnahme nachweisen, dass es sich bei einer Beanstandung um einen Mangel handelt. Ferner beginnt mit dem Datum der Abnahmedurchführung auch die Gewährleistungsfrist von fünf Jahren nach dem Bürgerlichen Gesetzbuch (BGB). Und schließlich ist die Abnahme auch ein wichtiger Teil der Eigentumsübergabe, denn mit der Abnahme geht auch das Hausrecht auf Sie über. Ihr Bauträger kann also nicht am nächsten Morgen noch einmal vorbeikommen und sich einfach Zutritt zum Haus verschaffen.

8.1 Vorgehen bei der Abnahme

Die Abnahme eines Gebäudes sollten Sie grundsätzlich nur bei gutem Wetter und Tageslicht durchführen. Außerdem sollten Sie ausreichend Zeit mitbringen, um die Abnahme in Ruhe durchführen zu können. Viele Bauträger drängen bei der Abnahme zur Eile. In einem solchen Fall können Sie dem Bauträger anbieten, die Abnahme abzubrechen und an einem anderen Datum, zu dem er ausreichend Zeit hat, neu anzusetzen. Dies ist eine gute Lösung für den Fall, dass er wirklich keine Zeit hat und es ist ein heilsames Mittel für den Fall, dass er Eile nur vortäuscht. Trotz dieser Vorkehrungen ist es natürlich sehr schwer, in der kurzen Zeit einer Abnahme alle sichtbaren Mängel auch wirklich zu entdecken. Eine gute Hilfe kann daher sein, wenn Sie einige Tage vor der eigentlichen Abnahme in Ruhe und eventuell in Begleitung eines Fachmanns durch das Gebäude gehen und sich einen Überblick verschaffen. Auch deshalb ist es so wichtig, dass Sie mit dem Bauträger vereinbaren, dass Sie die Baustelle jederzeit betreten dürfen und auch einen Bau- und später einen Haustürschlüssel haben. Sie können sich bei einem solchen Vorbereitungstermin dann in Ruhe Notizen machen und sich für den eigentlichen Abnahmetermin gut vorbereiten.

Bei der Abnahme selbst ist es sinnvoll, systematisch durch das Haus zu gehen, damit Sie nichts vergessen. Wenn der Außenbereich noch weitgehend im Bauschlamm versinkt, können Sie zunächst mit einem Rundgang durchs Hausinnere beginnen. Wenn aber das Gelände außen gut begehbar ist, ist es durchaus sinnvoll außen mit der Abnahme zu beginnen, für den Fall, dass sich das Wetter während der Abnahme verschlechtert. Die unter 8.4 folgenden Checklisten können Ihnen dabei helfen, keinen Punkt zu übersehen oder zu vergessen.

Kontrollieren Sie jeweils auch anhand der Baubeschreibung, ob die dort beschriebenen Leistungen zum einen vollständig erbracht wurden und ob die erbrachten Leistungen zum anderen hinsichtlich des dort benannten Herstellers, des Materials bzw. Bauteils, der Farbe oder Größe vereinbarungsgemäß ausgeführt wurden. Wurde zum Beispiel wirklich auch die in der Baubeschreibung benannte Heizungsanlage eingebaut?

8.2 Mängel bei der Abnahme

Das Hauptproblem bei einer Abnahme ist, dass alle sichtbaren Teile kontrolliert werden müssen. Entdecken Sie hierbei einen Mangel an irgendeinem Teil, muss dieser Mangel im Abnahmeprotokoll schriftlich vorbehalten werden, beispielsweise wenn eine Zimmertür nicht richtig schließt. Dann muss dieser Sachverhalt konkret festgehalten werden. Hierbei ist nicht nur der Mangel an sich festzuhalten, sondern auch, wie viel Zeit für die Aus- bzw. Nachbesserung gegeben wird und wie viel Geld bis zur vollständigen Behebung des Mangels einbehalten wird. Sie können hier das Dreifache des zur Behebung notwendigen Betrages ansetzen. Dies sehen einerseits Gerichte als nicht zu hoch an, andererseits darf der Betrag nicht zu gering sein, sonst hat der Bauträger kein Interesse an einer Nacharbeit. Eine entsprechende Formulierung im Abnahmeprotokoll könnte etwa so aussehen:

»Vorbehalt: Die Zimmertür zwischen Flur und Küche im Erdgeschoss schließt nicht richtig. Dies wird binnen der nächsten sieben Werktage nachgearbeitet. Hierfür wird ein Betrag von _____ Euro einbehalten, bis der Mangel beseitigt ist.«

Selbstverständlich wird sich aber der Verkäufer des Objektes gegen jeden Mangel wehren, den Sie ins Protokoll aufnehmen wollen. Häufig kommt es bei Abnahmen auch zu Streit und Auseinandersetzungen

8.0 Die Abnahme einer neuen Immobilie

Abnahmeprotokoll		Datum:	Uhrzeit	von – bis
Bauvorhaben:			Auftrag vom:	
Gewerk:			Beginn:	
Auftraggeber:			Fertigstellung:	
Auftragnehmer:			Vertragl. vereinb. Fertigstellung:	
Teilnehmer:			Terminüberschreitung:	

Lfd. Nr.	Übergabe folgender Unterlagen, Pläne, Schlüssel usw.
		weiteres siehe Anlage

Bei der Abnahme wurden die folgenden Mängel festgestellt. Diese Mängel sind unverzüglich spätestens bis zum .... zu beseitigen. Sofern der Auftragnehmer nicht innerhalb der vorgenannten Frist die Mängel beseitigt, ist der Auftraggeber berechtigt, auf Kosten des Auftragnehmers die Mängelbeseitigung vorzunehmen bzw. durch Dritte vornehmen zu lassen. Alle Ansprüche des Auftraggebers auf Gewährleistung und Schadenersatz bleiben unberührt.

Lfd. Nr.	Mangel bzw. unvollständige Leistung und einbehaltener Geldbetrag in Euro
		weitere Mängel siehe Anlage

| | Die Abnahme der Leistungen wird wegen der vorgenannten Mängel verweigert.
| | Der Auftraggeber behält sich die Geltendmachung der vereinbarten Vertragsstrafe vor.
| | Die Leistungen werden abgenommen unter Vorbehalt der aufgeführten Mängel.
| | Frist für die Gewährleistung der abgenommenen Leistung: Beginn: .... Ende: ....

...., den ....

Auftraggeber: ....   Auftragnehmer: ....

darüber, ob eine Bauausführung einen Mangel darstellt oder nicht. Viele Bauträger kann man leider auch nicht wirklich als Sachverständige für das Bauwesen bezeichnen. Nicht selten ist nur recht eingeschränktes Wissen über mangelfreies Bauen vorhanden. Kommt es während des Abnahmetermins zu einer solchen Uneinigkeit, ob eine Bauausführung einen Mangel darstellt oder nicht, sollte auch dies ins Protokoll aufgenommen werden. Hier könnte beispielsweise folgende Formulierung aufgenommen werden:

»Den drei Zentimeter langen Kratzer an der Glasaußenseite des linken Küchenfensterflügels an der Ostfassade sieht der bei der Abnahme vertretene Hauskäufer als Mangel an. Der bei der Abnahme vertretene Hausverkäufer sieht dies nicht als Mangel an. Bis zur Klärung dieses strittigen Sachverhalts bleibt daher eine Summe von _____ Euro einbehalten.«

8.3 Typische Mängel

Bestimmte Mängel und Fehler tauchen bei Abnahmen häufiger auf als andere. Folgende Punkte werden bei Abnahmen immer wieder festgestellt:

Innentüren:

- Beschädigungen an den Oberflächen und Kanten
- falsche Aufschlagrichtung
- zu großer unterer Türspalt (mehr als 1 cm)
- Streifen der Tür am Boden
- Tür bleibt nicht in jeder Position stehen, sondern öffnet oder schließt von selbst
- fehlende Innentürschlüssel
- Tür lässt sich nicht abschließen
- Türblatt liegt nicht umlaufend dicht am Rahmen an.

Fenster und Fenstertüren:

- Fensterflügel bleibt nicht in jeder Position stehen, sondern öffnet oder schließt von selbst.
- Kratzer in Glas oder Rahmen
- Verschmutzungen des Glases
- falsche Aufschlagrichtung des Flügels.

Rollläden:
- kein komplettes Öffnen oder Schließen möglich
- Rollladenband ist nicht lotrecht montiert
- Rollladen hakt beim öffnen oder schließen.

Sanitärgegenstände:
- Beschädigungen und Kratzer am Boden der Dusche oder Badewanne
- Beschädigungen des Waschbeckens
- Probleme mit Wasserfluss und Spülung (Wärmeregulierung, Durchflussmenge, Spülstopp).

Elektroinstallation:
- Schalter und Steckdosen ohne Funktion
- Gegensprechanlage ohne Funktion
- Antennenanlage ohne Funktion
- Falsche Zuordnung von Schalter und Lichtauslass.

Heizungsinstallation:
- Schäden an der Oberfläche von Heizkörpern
- Heizkörper werden nicht warm.

Fliesen:
- Schäden an den Fliesen
- Abmauerungen im Dusch- und Wannenbereich nicht mit Gefälle von der Wand weg
- fehlende Verfugungen
- fehlende dauerelastische Verfugung zwischen Sanitärgegenständen und Fliesen.

Parkettböden:
- unebenes Schliffbild
- Risse im Parkett
- fehlender Abstand zur Wand
- Befestigung der Sockelleisten an Wand und Parkettboden.

Wandflächen:

- Luftblasen hinter der Tapete
- Stöße und Ecken lösen sich von der Wand
- Anstrich mit Fehlstellen
- Farbreste an Fensterbänken und Türrahmen.

Außenbereich:

- Anstrich der sichtbaren Sparren nicht vollständig
- Oberseite von Pfetten nicht gestrichen
- nicht ausreichend dimensionierter Überstand von Fensterbänken, Verwahrungen, Mauerabdeckungen
- Plattenbeläge liegen nicht vollflächig auf und wackeln beim Betreten.

Um solche Punkte systematisch aufspüren zu können, helfen Ihnen auch die nachfolgenden Checklisten.

8.4 Checklisten für die Abnahme

Die nachfolgenden Checklisten sind raum- und geschossweise aufgebaut und der Übersichtlichkeit halber stichwortartig gehalten. Aufgrund der enormen rechtlichen Auswirkungen ist es wichtig, dass Sie ausreichend fachliches Wissen haben, wenn Sie alleine mit dem Bauträger die Abnahme vornehmen möchten. Wenn sich Ihnen bei der Durchsicht der Checklisten viele Fragen hinsichtlich der Fachbegriffe stellen, sollten Sie einen Fachmann hinzuziehen, der Sie bei der Abnahme unterstützt. Dies kann ein erfahrener Architekt oder Bauleiter sein, oder ein vereidigter Sachverständiger für Bauschäden (Adressen von Sachverständigen erhalten Sie bei der Industrie- und Handelskammer oder unter www.svv.ihk.de). Erfahrungsgemäß verlaufen Abnahmen sachlicher, wenn auch auf der Käuferseite ein Baufachmann die Argumente des Bauträgers entkräften kann. Lassen Sie sich von den Fachleuten, die Sie einschalten wollen, Referenzen benennen, zum Beispiel Bauherren oder Hauskäufer, die bei der Abnahme unterstützt wurden und vereinbaren Sie vor der Abnahme das Honorar, am besten schriftlich. Sinnvoll ist es auch, wenn Sie einige Tage vorher mit einem Fachmann in Ruhe durch das Gebäude gehen, so dass er es beim eigentlichen Abnahmetermin nicht das erstemal sieht, sondern gut vorbereitet ist und sich schon Notizen zu eventuellen Mängeln machen konnte. Sie können die Überprüfung dieser Checkpunkte auch zum Vertragsbestandteil mit dem Sachverständigen machen.

8.0 Die Abnahme einer neuen Immobilie – Außen

Prüfpunkte für die Hausabnahme – Außen			Fassade							
Die folgende Liste hilft Ihnen, wichtige Prüfpunkte bei der Hausabnahme nicht zu vergessen. Es handelt sich hierbei um Prüfpunkte, bei denen häufig Mängel gefunden werden. Punkte, die Sie überprüft haben, kreuzen Sie einfach an.			Fassade:	Fassade:	Fassade:	Fassade:	Fassade:	Fassade:	Fassade:	Fassade:
Außenbereich										
01	Dränage									
		Musterübereinstimmung Baubeschreibung	☐	☐	☐	☐	☐	☐	☐	☐
		evtl. Kiesstreifen	☐	☐	☐	☐	☐	☐	☐	☐
		Übergang zu Haussockel	☐	☐	☐	☐	☐	☐	☐	☐
		Übergang zu Grundstück / Einfassung	☐	☐	☐	☐	☐	☐	☐	☐
		Anschüttung an Kellerlichtschächte	☐	☐	☐	☐	☐	☐	☐	☐
02	Lichtschächte									
	Gitterroste	Musterübereinstimmung Baubeschreibung	☐	☐	☐	☐	☐	☐	☐	☐
		Korrosion	☐	☐	☐	☐	☐	☐	☐	☐
		Montage / Befestigung	☐	☐	☐	☐	☐	☐	☐	☐
		Öffenbarkeit / Einbruchsicherung	☐	☐	☐	☐	☐	☐	☐	☐
	Kunststoff-schacht	Musterübereinstimmung Baubeschreibung	☐	☐	☐	☐	☐	☐	☐	☐
		Oberfläche	☐	☐	☐	☐	☐	☐	☐	☐
		Anarbeitung an Hauswand / Dichtigkeit	☐	☐	☐	☐	☐	☐	☐	☐
		Wasserabführung	☐	☐	☐	☐	☐	☐	☐	☐
		Zugänglichkeit	☐	☐	☐	☐	☐	☐	☐	☐
		lotrechter Einbau	☐	☐	☐	☐	☐	☐	☐	☐
	Betonschacht	Musterübereinstimmung Baubeschreibung	☐	☐	☐	☐	☐	☐	☐	☐
		Oberfläche	☐	☐	☐	☐	☐	☐	☐	☐
		Anarbeitung an Hauswand / Dichtigkeit	☐	☐	☐	☐	☐	☐	☐	☐
		Wasserabführung	☐	☐	☐	☐	☐	☐	☐	☐
		Zugänglichkeit	☐	☐	☐	☐	☐	☐	☐	☐
		lotrechter Einbau	☐	☐	☐	☐	☐	☐	☐	☐
03	Sockel									
	Beton	Musterübereinstimmung Baubeschreibung	☐	☐	☐	☐	☐	☐	☐	☐
		Oberfläche	☐	☐	☐	☐	☐	☐	☐	☐
		Ebenheit	☐	☐	☐	☐	☐	☐	☐	☐
		Gleichmäßigkeit	☐	☐	☐	☐	☐	☐	☐	☐
		Eckausführungen	☐	☐	☐	☐	☐	☐	☐	☐
		Übergang Sockelfußpunkt	☐	☐	☐	☐	☐	☐	☐	☐
		Übergang zu Hausfassade	☐	☐	☐	☐	☐	☐	☐	☐
		Anarbeitung an Lichtschächte, Fenster, Tür	☐	☐	☐	☐	☐	☐	☐	☐
	Putz	Musterübereinstimmung Baubeschreibung	☐	☐	☐	☐	☐	☐	☐	☐
		Putzmusterung	☐	☐	☐	☐	☐	☐	☐	☐
		Ebenheit	☐	☐	☐	☐	☐	☐	☐	☐
		Gleichmäßigkeit	☐	☐	☐	☐	☐	☐	☐	☐
		Eckausführungen / Putzleisten	☐	☐	☐	☐	☐	☐	☐	☐

Prüfpunkte für die Hausabnahme – Außen			Fassade							
			Fassade:	Fassade:	Fassade:	Fassade:	Fassade:	Fassade:	Fassade:	Fassade:
Außenbereich										
03	**Sockel**									
	Putz	Übergang Sockelfußpunkt	☐	☐	☐	☐	☐	☐	☐	☐
		Übergang zu Hausfassade	☐	☐	☐	☐	☐	☐	☐	☐
		Anarbeitung an Lichtschächte / Fenster / Tür	☐	☐	☐	☐	☐	☐	☐	☐
		Putzhaftung (Klopftest)	☐	☐	☐	☐	☐	☐	☐	☐
	Klinker / keramische Platten	Musterübereinstimmung Baubeschreibung	☐	☐	☐	☐	☐	☐	☐	☐
		Sprünge	☐	☐	☐	☐	☐	☐	☐	☐
		Ebenheit	☐	☐	☐	☐	☐	☐	☐	☐
		Fugenbreite / Fugenverlauf	☐	☐	☐	☐	☐	☐	☐	☐
		Eckausführungen	☐	☐	☐	☐	☐	☐	☐	☐
		Übergang Sockelfußpunkt	☐	☐	☐	☐	☐	☐	☐	☐
		Übergang zu Hausfassade	☐	☐	☐	☐	☐	☐	☐	☐
		Anarbeitung an Lichtschächte / Fenster / Tür	☐	☐	☐	☐	☐	☐	☐	☐
		Montage / Befestigung (Klopftest)	☐	☐	☐	☐	☐	☐	☐	☐
04	**Fassade**									
	Klinker	Musterübereinstimmung Baubeschreibung	☐	☐	☐	☐	☐	☐	☐	☐
		bei Hinterlüftung: Lüftungsschlitze	☐	☐	☐	☐	☐	☐	☐	☐
		Risse / Sprünge	☐	☐	☐	☐	☐	☐	☐	☐
		Eckausführung	☐	☐	☐	☐	☐	☐	☐	☐
		Anarbeitung an First und Ortgang	☐	☐	☐	☐	☐	☐	☐	☐
		Anarbeitung an Fenster und Türen	☐	☐	☐	☐	☐	☐	☐	☐
		Montage / Befestigung	☐	☐	☐	☐	☐	☐	☐	☐
		Fensterstürze gemäß Muster?	☐	☐	☐	☐	☐	☐	☐	☐
		Farbton	☐	☐	☐	☐	☐	☐	☐	☐
	Putz / Wärmedämmverbundsystem	Musterübereinstimmung Baubeschreibung	☐	☐	☐	☐	☐	☐	☐	☐
		Dichtigkeit an Anschlusspunkten	☐	☐	☐	☐	☐	☐	☐	☐
		Dichtigkeit des Wärmedämmverbundsyst.	☐	☐	☐	☐	☐	☐	☐	☐
		Ebenheit	☐	☐	☐	☐	☐	☐	☐	☐
		Risse / Materialübergänge	☐	☐	☐	☐	☐	☐	☐	☐
		Gleichmäßigkeit	☐	☐	☐	☐	☐	☐	☐	☐
		Eckausführungen / Putzleisten	☐	☐	☐	☐	☐	☐	☐	☐
		Anarbeitung an First und Ortgang	☐	☐	☐	☐	☐	☐	☐	☐
		Anarbeitung an Fenster und Türen	☐	☐	☐	☐	☐	☐	☐	☐
		Putzhaftigkeit	☐	☐	☐	☐	☐	☐	☐	☐
		Farbton	☐	☐	☐	☐	☐	☐	☐	☐
	Holz	Musterübereinstimmung Baubeschreibung	☐	☐	☐	☐	☐	☐	☐	☐
		Verschalung zur Hinterlüftung offen	☐	☐	☐	☐	☐	☐	☐	☐
		Gitterschutz am Lufteintritt	☐	☐	☐	☐	☐	☐	☐	☐

8.0 Die Abnahme einer neuen Immobilie – Außen

Prüfpunkte für die Hausabnahme – Außen			Fassade							
			Fassade:	Fassade:	Fassade:	Fassade:	Fassade:	Fassade:	Fassade:	Fassade:
Außenbereich										
04	**Fassade**									
	Holz	Ablaufblech m. Tropfkante unter Lufteintritt	☐	☐	☐	☐	☐	☐	☐	☐
		Verschalungsmuster	☐	☐	☐	☐	☐	☐	☐	☐
		Lattenstöße	☐	☐	☐	☐	☐	☐	☐	☐
		Eckausführungen	☐	☐	☐	☐	☐	☐	☐	☐
		Anarbeitung an First und Ortgang	☐	☐	☐	☐	☐	☐	☐	☐
		Anarbeitung an Fenster und Türen	☐	☐	☐	☐	☐	☐	☐	☐
		Montage / Befestigung	☐	☐	☐	☐	☐	☐	☐	☐
		Farbton	☐	☐	☐	☐	☐	☐	☐	☐
05	**Fensterbänke**									
		Musterübereinstimmung Baubeschreibung	☐	☐	☐	☐	☐	☐	☐	☐
		Oberfläche (Kratzer, Sprünge, Risse)	☐	☐	☐	☐	☐	☐	☐	☐
		waagerechter Einbau	☐	☐	☐	☐	☐	☐	☐	☐
		Gefälle vom Haus weg	☐	☐	☐	☐	☐	☐	☐	☐
		Fassadenanschluss	☐	☐	☐	☐	☐	☐	☐	☐
		Rollladenschienenanschluss	☐	☐	☐	☐	☐	☐	☐	☐
		seitliche Einfassung	☐	☐	☐	☐	☐	☐	☐	☐
		ausreichender Überstand zur Fassade	☐	☐	☐	☐	☐	☐	☐	☐
		Tropfkante an Vorderseite	☐	☐	☐	☐	☐	☐	☐	☐
06	**Rollläden**									
		vollständiges Aufrollen	☐	☐	☐	☐	☐	☐	☐	☐
		mit Stoppern versehen?	☐	☐	☐	☐	☐	☐	☐	☐
		alle Lamellen waagerecht?	☐	☐	☐	☐	☐	☐	☐	☐
		Farbton	☐	☐	☐	☐	☐	☐	☐	☐
		Rollladenschienen lotrecht?	☐	☐	☐	☐	☐	☐	☐	☐
		Anarbeitung Rollladenschienen oben / unten	☐	☐	☐	☐	☐	☐	☐	☐
07	**Außentreppen**									
	Treppen	Musterübereinstimmung Baubeschreibung	☐	☐	☐	☐	☐	☐	☐	☐
		identische Antrittshöhen	☐	☐	☐	☐	☐	☐	☐	☐
		Ebenheit	☐	☐	☐	☐	☐	☐	☐	☐
		Kopfhöhen	☐	☐	☐	☐	☐	☐	☐	☐
		Entwässerung / Bodenabläufe	☐	☐	☐	☐	☐	☐	☐	☐
		Anschlüsse Fassade, Sockel, Terrasse	☐	☐	☐	☐	☐	☐	☐	☐
		bei Kellertreppen: Umfassungsmauern	☐	☐	☐	☐	☐	☐	☐	☐
		Übergänge Bodenbeläge	☐	☐	☐	☐	☐	☐	☐	☐
		eingelegte Gitterroste	☐	☐	☐	☐	☐	☐	☐	☐

Checklisten für die Abnahme – Außen 8.4

Prüfpunkte für die Hausabnahme – Außen			Fassade							
			Fassade:	Fassade:	Fassade:	Fassade:	Fassade:	Fassade:	Fassade:	Fassade:
Außenbereich										
07	**Außentreppen**									
	Geländer	Musterübereinstimmung Baubeschreibung	☐	☐	☐	☐	☐	☐	☐	☐
		Korrosion Geländer	☐	☐	☐	☐	☐	☐	☐	☐
		Befestigung Geländer	☐	☐	☐	☐	☐	☐	☐	☐
		Geländerhöhe	☐	☐	☐	☐	☐	☐	☐	☐
		Handläufe / Befestigung	☐	☐	☐	☐	☐	☐	☐	☐
		Handläufe / Oberfläche	☐	☐	☐	☐	☐	☐	☐	☐
	Geflieste Treppen	Musterübereinstimmung Baubeschreibung	☐	☐	☐	☐	☐	☐	☐	☐
		Verlegemuster / Verlegerichtung	☐	☐	☐	☐	☐	☐	☐	☐
		Fugenausbildung und Verlauf	☐	☐	☐	☐	☐	☐	☐	☐
		Randsockel	☐	☐	☐	☐	☐	☐	☐	☐
		Riffelungen gegen Rutschgefahr	☐	☐	☐	☐	☐	☐	☐	☐
		Anarbeitungen an Bodenabläufe / Gitterroste	☐	☐	☐	☐	☐	☐	☐	☐
		Farbton / Fliesenqualität	☐	☐	☐	☐	☐	☐	☐	☐
		Montage / Befestigung (Klopftest)	☐	☐	☐	☐	☐	☐	☐	☐
08	**Terrassen**									
	Terrassen	Größe / Planübereinstimmung	☐	☐	☐	☐	☐	☐	☐	☐
		Ebenheit / leichtes Gefälle vom Haus weg	☐	☐	☐	☐	☐	☐	☐	☐
		Entwässerung / Bodenabläufe	☐	☐	☐	☐	☐	☐	☐	☐
		Anschlüsse Fassade / Sockel / Treppen	☐	☐	☐	☐	☐	☐	☐	☐
		Übergänge Bodenbeläge	☐	☐	☐	☐	☐	☐	☐	☐
		Anmodelierung Erdreich	☐	☐	☐	☐	☐	☐	☐	☐
		eingelegte Gitterroste	☐	☐	☐	☐	☐	☐	☐	☐
	Geländer	Musterübereinstimmung Baubeschreibung	☐	☐	☐	☐	☐	☐	☐	☐
		Befestigung Geländer	☐	☐	☐	☐	☐	☐	☐	☐
		Korrosion Geländer	☐	☐	☐	☐	☐	☐	☐	☐
		Geländerhöhe	☐	☐	☐	☐	☐	☐	☐	☐
		Handläufe / Befestigung	☐	☐	☐	☐	☐	☐	☐	☐
		Handläufe / Oberfläche	☐	☐	☐	☐	☐	☐	☐	☐
	Geflieste Terrassen	Musterübereinstimmung Baubeschreibung	☐	☐	☐	☐	☐	☐	☐	☐
		Verlegemuster / Verlegerichtung	☐	☐	☐	☐	☐	☐	☐	☐
		Fugenausbildung und Verlauf	☐	☐	☐	☐	☐	☐	☐	☐
		Randsockel	☐	☐	☐	☐	☐	☐	☐	☐
		Riffelungen gegen Rutschgefahr	☐	☐	☐	☐	☐	☐	☐	☐
		Anarbeitungen an Bodenabläufe / Gitterroste	☐	☐	☐	☐	☐	☐	☐	☐
		Farbton / Fliesenqualität	☐	☐	☐	☐	☐	☐	☐	☐
		Montage / Befestigung (Klopftest)	☐	☐	☐	☐	☐	☐	☐	☐

8.0 Die Abnahme einer neuen Immobilie – Außen

Prüfpunkte für die Hausabnahme – Außen			Fassade							
			Fassade:	Fassade:	Fassade:	Fassade:	Fassade:	Fassade:	Fassade:	Fassade:
Außenbereich										
08	**Terrassen**									
	Holzbohlen-terrasse	Musterübereinstimmung Baubeschreibung	☐	☐	☐	☐	☐	☐	☐	☐
		Bohlenstärke	☐	☐	☐	☐	☐	☐	☐	☐
		Bohlenmontage / Befestigung	☐	☐	☐	☐	☐	☐	☐	☐
		Bohlenhinterlüftung	☐	☐	☐	☐	☐	☐	☐	☐
		Bohlenverlegerichtung	☐	☐	☐	☐	☐	☐	☐	☐
		Ebenheit	☐	☐	☐	☐	☐	☐	☐	☐
		Holzschutzbehandlung	☐	☐	☐	☐	☐	☐	☐	☐
09	**Balkone**									
	Balkone	Größe / Planübereinstimmung	☐	☐	☐	☐	☐	☐	☐	☐
		Ebenheit / leichtes Gefälle vom Haus weg	☐	☐	☐	☐	☐	☐	☐	☐
		Entwässerung / Bodenabläufe	☐	☐	☐	☐	☐	☐	☐	☐
		Anschlüsse Fassade	☐	☐	☐	☐	☐	☐	☐	☐
		Übergänge Bodenbeläge	☐	☐	☐	☐	☐	☐	☐	☐
		Eingelegte Gitterroste	☐	☐	☐	☐	☐	☐	☐	☐
	Geländer	Musterübereinstimmung Baubeschreibung	☐	☐	☐	☐	☐	☐	☐	☐
		Befestigung Geländer	☐	☐	☐	☐	☐	☐	☐	☐
		Korrosion Geländer	☐	☐	☐	☐	☐	☐	☐	☐
		Verzinkungen / Farbanstriche	☐	☐	☐	☐	☐	☐	☐	☐
		Geländerhöhe	☐	☐	☐	☐	☐	☐	☐	☐
		Handläufe / Befestigung	☐	☐	☐	☐	☐	☐	☐	☐
		Handläufe / Oberfläche	☐	☐	☐	☐	☐	☐	☐	☐
	Gefliesste Balkone	Musterübereinstimmung Baubeschreibung	☐	☐	☐	☐	☐	☐	☐	☐
		Verlegemuster / Verlegerichtung	☐	☐	☐	☐	☐	☐	☐	☐
		Fugenausbildung und Verlauf	☐	☐	☐	☐	☐	☐	☐	☐
		Randsockel	☐	☐	☐	☐	☐	☐	☐	☐
		Riffelungen gegen Rutschgefahr	☐	☐	☐	☐	☐	☐	☐	☐
		Anarbeitungen an Bodenabläufe, Gitterroste	☐	☐	☐	☐	☐	☐	☐	☐
		Farbton / Fliesenqualität	☐	☐	☐	☐	☐	☐	☐	☐
		Montage / Befestigung (Klopftest)	☐	☐	☐	☐	☐	☐	☐	☐
	Holzbohlen-balkone	Musterübereinstimmung Baubeschreibung	☐	☐	☐	☐	☐	☐	☐	☐
		Bohlenstärke	☐	☐	☐	☐	☐	☐	☐	☐
		Bohlenmontage / Befestigung	☐	☐	☐	☐	☐	☐	☐	☐
		Bohlenhinterlüftung	☐	☐	☐	☐	☐	☐	☐	☐
		Bohlenverlegerichtung	☐	☐	☐	☐	☐	☐	☐	☐
		Ebenheit	☐	☐	☐	☐	☐	☐	☐	☐
		Holzschutzbehandlung	☐	☐	☐	☐	☐	☐	☐	☐

Checklisten für die Abnahme – Außen 8.4

Prüfpunkte für die Hausabnahme – Außen			Fassade							
			Fassade:	Fassade:	Fassade:	Fassade:	Fassade:	Fassade:	Fassade:	Fassade:
Außenbereich										
10	Rinnen / Fallrohre									
		Musterübereinstimmung Baubeschreibung	☐	☐	☐	☐	☐	☐	☐	☐
		leichter Gefälleverlauf der Trauf-Rinnen	☐	☐	☐	☐	☐	☐	☐	☐
		lotrechter Verlauf der Fallrohre	☐	☐	☐	☐	☐	☐	☐	☐
		Metall: Korrosion / Abplatzungen	☐	☐	☐	☐	☐	☐	☐	☐
		Kunststoff: Risse / Sprünge	☐	☐	☐	☐	☐	☐	☐	☐
		Montage / Befestigung (Rütteltest)	☐	☐	☐	☐	☐	☐	☐	☐
		Dehnungsausgleich der Rinnen	☐	☐	☐	☐	☐	☐	☐	☐
		Unterspannbahn / Traufblech bis in Rinne	☐	☐	☐	☐	☐	☐	☐	☐
		Montagepunkte der Rohre an Fassade	☐	☐	☐	☐	☐	☐	☐	☐
		gute Abdichtung Montagepunkte	☐	☐	☐	☐	☐	☐	☐	☐
		Anschluss Rohre an Sockel-Fallrohr	☐	☐	☐	☐	☐	☐	☐	☐
		Schutz Sockel-Fallrohr gegen Rammung	☐	☐	☐	☐	☐	☐	☐	☐
		Rinnenvorderkante tiefer als Rückkante	☐	☐	☐	☐	☐	☐	☐	☐
		durchgängig nur ein Metall verwandt	☐	☐	☐	☐	☐	☐	☐	☐
11	Steildach									
	Traufkante	falls vorhanden: Traufverschalung	☐	☐	☐	☐	☐	☐	☐	☐
		Dichtigkeit aller Anschlusspunkte	☐	☐	☐	☐	☐	☐	☐	☐
		Montage / Befestigung Traufverschalung	☐	☐	☐	☐	☐	☐	☐	☐
		falls sichtbar: Sparren-Enden (Sitz / Risse)	☐	☐	☐	☐	☐	☐	☐	☐
		Auskleidung Sparrenzwischenräume	☐	☐	☐	☐	☐	☐	☐	☐
		Montage / Befestigung Sparren-Enden	☐	☐	☐	☐	☐	☐	☐	☐
		bei hinterlüftetem Dach: Lufteintrittsöffnung	☐	☐	☐	☐	☐	☐	☐	☐
		Unterspannbahn	☐	☐	☐	☐	☐	☐	☐	☐
		Traufblech (Montage / Sitz / Korrosion)	☐	☐	☐	☐	☐	☐	☐	☐
		Dachüberstand wie geplant? (Messen!)	☐	☐	☐	☐	☐	☐	☐	☐
		Anarbeitung Hausfassade an Traufe	☐	☐	☐	☐	☐	☐	☐	☐
		Schneefanggitter (Montage, Sitz, Korrosion)	☐	☐	☐	☐	☐	☐	☐	☐
	Ortgang	falls vorhanden: Ortgangblech	☐	☐	☐	☐	☐	☐	☐	☐
		Dichtigkeit aller Anschlußpunkte	☐	☐	☐	☐	☐	☐	☐	☐
		Zustand Ortgangziegel	☐	☐	☐	☐	☐	☐	☐	☐
		Montage / Befestigung Pfettenköpfe	☐	☐	☐	☐	☐	☐	☐	☐
		falls sichtbar: Pfettenköpfe (Sitz / Risse)	☐	☐	☐	☐	☐	☐	☐	☐
		Anarbeitung Hausfassade an Pfettenköpfe	☐	☐	☐	☐	☐	☐	☐	☐
		Dachüberstand wie geplant? (Messen!)	☐	☐	☐	☐	☐	☐	☐	☐
		Anarbeitung Hausfassade an Ortgang	☐	☐	☐	☐	☐	☐	☐	☐

8.0 Die Abnahme einer neuen Immobilie – Außen

Prüfpunkte für die Hausabnahme – Außen			Fassade:	Fassade:	Fassade:	Fassade:	Fassade:	Fassade:	Fassade:	Fassade:
Außenbereich										
11	**Steildach**									
	First	geradeliniger Verlauf? (kein Durchhängen)	☐	☐	☐	☐	☐	☐	☐	☐
		bei Ziegeldeckung: Firstziegelbefestigung	☐	☐	☐	☐	☐	☐	☐	☐
		Blitzschutz montiert an höchstem Punkt?	☐	☐	☐	☐	☐	☐	☐	☐
		bei Blechdeckung: kein Stoßpunkt am First	☐	☐	☐	☐	☐	☐	☐	☐
	Dachdeckung	Musterübereinstimmung Baubeschreibung	☐	☐	☐	☐	☐	☐	☐	☐
		gleichmäßige Verlegung	☐	☐	☐	☐	☐	☐	☐	☐
		saubere Abschlüsse / kein Flickwerk	☐	☐	☐	☐	☐	☐	☐	☐
		fester Sitz der Ziegel	☐	☐	☐	☐	☐	☐	☐	☐
		Trittstufen für Schornsteinfeger	☐	☐	☐	☐	☐	☐	☐	☐
		zusätzliche Ziegel für Reparatur vorhanden	☐	☐	☐	☐	☐	☐	☐	☐
	Entlüftungen	Musterübereinstimmung Baubeschreibung	☐	☐	☐	☐	☐	☐	☐	☐
		rundum dichte Einbindung	☐	☐	☐	☐	☐	☐	☐	☐
		Rohroberfläche (Kratzer / Risse)	☐	☐	☐	☐	☐	☐	☐	☐
		Korrosion	☐	☐	☐	☐	☐	☐	☐	☐
		durchgängig ein Metall verwandt?	☐	☐	☐	☐	☐	☐	☐	☐
		Hutschutz auf dem Rohrkopf	☐	☐	☐	☐	☐	☐	☐	☐
		Montage stabil?	☐	☐	☐	☐	☐	☐	☐	☐
	Schornstein	Musterübereinstimmung Baubeschreibung	☐	☐	☐	☐	☐	☐	☐	☐
		Anarbeitung an Dachfläche	☐	☐	☐	☐	☐	☐	☐	☐
		bei Mauerung: Fugenstärke und- verlauf	☐	☐	☐	☐	☐	☐	☐	☐
		bei hohen Schornsteinen: Sicherungsanker	☐	☐	☐	☐	☐	☐	☐	☐
		falls vorhanden: Schutzdach Schornstein	☐	☐	☐	☐	☐	☐	☐	☐
		lotrechter Verlauf	☐	☐	☐	☐	☐	☐	☐	☐
		evtl. Kamindurchmesser	☐	☐	☐	☐	☐	☐	☐	☐
12	**Flachdach**									
	Attika	Musterübereinstimmung Baubeschreibung	☐	☐	☐	☐	☐	☐	☐	☐
		Oberfläche (Kratzer / Risse)	☐	☐	☐	☐	☐	☐	☐	☐
		Korrosion	☐	☐	☐	☐	☐	☐	☐	☐
		durchgängig ein Metall verwandt?	☐	☐	☐	☐	☐	☐	☐	☐
		Blechverkleidung mit Abstand zu Hauswand?	☐	☐	☐	☐	☐	☐	☐	☐
		Verkleidung außen mit Tropfkante?	☐	☐	☐	☐	☐	☐	☐	☐
		Verkleidung mit Gefälle zum Flachdach?	☐	☐	☐	☐	☐	☐	☐	☐
		dichter Anschluss an Dachbahnen innen?	☐	☐	☐	☐	☐	☐	☐	☐
		Vorstoß- und Abdeckblech fest ineinander?	☐	☐	☐	☐	☐	☐	☐	☐
		Montage stabil gegen Wind etc.?	☐	☐	☐	☐	☐	☐	☐	☐
		Ecken und Kanten dicht und überlappt?	☐	☐	☐	☐	☐	☐	☐	☐

Checklisten für die Abnahme – Außen 8.4

Prüfpunkte für die Hausabnahme – Außen			Fassade							
			Fassade:	Fassade:	Fassade:	Fassade:	Fassade:	Fassade:	Fassade:	Fassade:
Außenbereich										
12 Flachdach										
	Attika	Stöße dicht?	☐	☐	☐	☐	☐	☐	☐	☐
		Attikahöhe innen ausreichend (15 - 20 cm)?	☐	☐	☐	☐	☐	☐	☐	☐
		Durchstoßpunkte Rinnen absolut dicht?	☐	☐	☐	☐	☐	☐	☐	☐
	Dachbelag	Musterübereinstimmung Baubeschreibung	☐	☐	☐	☐	☐	☐	☐	☐
		Kiesschüttung / Kieselmaterial	☐	☐	☐	☐	☐	☐	☐	☐
		Kiesschüttung / Kieselgröße	☐	☐	☐	☐	☐	☐	☐	☐
		Kiesschüttung / Höhe	☐	☐	☐	☐	☐	☐	☐	☐
		Kiesschüttung / gleichmäßige Verteilung	☐	☐	☐	☐	☐	☐	☐	☐
		Substratschüttung / Kornsubstanz	☐	☐	☐	☐	☐	☐	☐	☐
		Substratschüttung / Korngröße	☐	☐	☐	☐	☐	☐	☐	☐
		Substratschüttung / Höhe	☐	☐	☐	☐	☐	☐	☐	☐
		Substratschüttung / gleichmäßige Verteilung	☐	☐	☐	☐	☐	☐	☐	☐
		Substratsubstanz	☐	☐	☐	☐	☐	☐	☐	☐
	Dacheinläufe	Musterübereinstimmung Baubeschreibung	☐	☐	☐	☐	☐	☐	☐	☐
		rundum dichte Einbindung	☐	☐	☐	☐	☐	☐	☐	☐
		frei von Schmutz	☐	☐	☐	☐	☐	☐	☐	☐
		ohne Beschädigungen	☐	☐	☐	☐	☐	☐	☐	☐
		Montage stabil?	☐	☐	☐	☐	☐	☐	☐	☐
		Gefälleausbildung rundum	☐	☐	☐	☐	☐	☐	☐	☐
	Entlüftungen	Musterübereinstimmung Baubeschreibung	☐	☐	☐	☐	☐	☐	☐	☐
		rundum dichte Einbindung	☐	☐	☐	☐	☐	☐	☐	☐
		Rohroberfläche (Kratzer / Risse)	☐	☐	☐	☐	☐	☐	☐	☐
		Korrosion	☐	☐	☐	☐	☐	☐	☐	☐
		durchgängig ein Metall verwandt	☐	☐	☐	☐	☐	☐	☐	☐
		Hutschutz auf dem Rohrkopf	☐	☐	☐	☐	☐	☐	☐	☐
		Montage stabil?	☐	☐	☐	☐	☐	☐	☐	☐
	Schornstein	Musterübereinstimmung Baubeschreibung	☐	☐	☐	☐	☐	☐	☐	☐
		Anarbeitung am Dachfläche	☐	☐	☐	☐	☐	☐	☐	☐
		bei Mauerung: Fugenstärke und -verlauf	☐	☐	☐	☐	☐	☐	☐	☐
		bei hohen Schornsteinen: Sicherungsanker	☐	☐	☐	☐	☐	☐	☐	☐
		falls vorhanden: Schutzdach Schornstein	☐	☐	☐	☐	☐	☐	☐	☐
		lotrechter Verlauf?	☐	☐	☐	☐	☐	☐	☐	☐
		evtl. Kamindurchmesser	☐	☐	☐	☐	☐	☐	☐	☐
	Oberlichter	Musterübereinstimmung Baubeschreibung	☐	☐	☐	☐	☐	☐	☐	☐
		rundum dichte Einbindung	☐	☐	☐	☐	☐	☐	☐	☐
		höher als umgebende Dachfläche montiert	☐	☐	☐	☐	☐	☐	☐	☐

8.0 Die Abnahme einer neuen Immobilie – Außen

Prüfpunkte für die Hausabnahme – Außen			Fassade
			Fassade: / Fassade: / Fassade: / Fassade: / Fassade: / Fassade: / Fassade: / Fassade:
Außenbereich			
12	Flachdach		
	Oberlichter	Öffnungsmechanismus	☐ ☐ ☐ ☐ ☐ ☐ ☐ ☐
		Oberfläche (Kratzer)	☐ ☐ ☐ ☐ ☐ ☐ ☐ ☐
		Glaseinfassung	☐ ☐ ☐ ☐ ☐ ☐ ☐ ☐
		Falzdichtung bei beweglichem Oberlicht	☐ ☐ ☐ ☐ ☐ ☐ ☐ ☐
		Feststellungsmechanismus	☐ ☐ ☐ ☐ ☐ ☐ ☐ ☐
	Dachterrassen	Musterübereinstimmung Dachterrassenbelag	☐ ☐ ☐ ☐ ☐ ☐ ☐ ☐
		keine Durchstoßpunkte durch Dachhaut	☐ ☐ ☐ ☐ ☐ ☐ ☐ ☐
		Dachhaut an allen Anschlusspunkten dicht	☐ ☐ ☐ ☐ ☐ ☐ ☐ ☐
		Boden mit Gefälle mit Wasserabläufen	☐ ☐ ☐ ☐ ☐ ☐ ☐ ☐
		Notablauf	☐ ☐ ☐ ☐ ☐ ☐ ☐ ☐
		Dachterrassenbelag (Sprünge / Korrosion)	☐ ☐ ☐ ☐ ☐ ☐ ☐ ☐
		Geländermontage nicht durch Dachhaut	☐ ☐ ☐ ☐ ☐ ☐ ☐ ☐
		Geländermontage stabil	☐ ☐ ☐ ☐ ☐ ☐ ☐ ☐
		Geländer Korrosion	☐ ☐ ☐ ☐ ☐ ☐ ☐ ☐

Prüfpunkte für die Hausabnahme – Innen			Keller
Die folgende Liste hilft Ihnen, wichtige Prüfpunkte bei der Hausabnahme nicht zu vergessen. Es handelt sich hierbei um Prüfpunkte, bei denen häufig Mängel gefunden werden. Punkte, die Sie überprüft haben, kreuzen Sie einfach an.			
Innenbereich			
13	Kelleraußentür		
		Musterübereinstimmung Baubeschreibung	☐ ☐ ☐ ☐ ☐ ☐ ☐ ☐
		Schwenkradius	☐ ☐ ☐ ☐ ☐ ☐ ☐ ☐
		Öffnungsrichtung	☐ ☐ ☐ ☐ ☐ ☐ ☐ ☐
		Türhöhe / Türbreite	☐ ☐ ☐ ☐ ☐ ☐ ☐ ☐
		Schließmechanismus / Schlüssel	☐ ☐ ☐ ☐ ☐ ☐ ☐ ☐
		Beschläge	☐ ☐ ☐ ☐ ☐ ☐ ☐ ☐
		Wetterschenkel	☐ ☐ ☐ ☐ ☐ ☐ ☐ ☐
		dichtes Schließen / Türfalzdichtungen	☐ ☐ ☐ ☐ ☐ ☐ ☐ ☐
		Türblattoberfläche	☐ ☐ ☐ ☐ ☐ ☐ ☐ ☐
		Zargenoberfläche / Zargen-Wand-Anschluss	☐ ☐ ☐ ☐ ☐ ☐ ☐ ☐

Checklisten für die Abnahme – Innen 8.4

Prüfpunkte für die Hausabnahme – Innen		Keller							
		Raum:	Raum:	Raum:	Raum:	Raum:	Raum:	Raum:	Raum:
Innenbereich									
13	**Kelleraußentür**								
	Türbänder / Befestigung	☐	☐	☐	☐	☐	☐	☐	☐
	lotrechter Einbau	☐	☐	☐	☐	☐	☐	☐	☐
14	**Innentüren**								
	Musterübereinstimmung Baubeschreibung	☐	☐	☐	☐	☐	☐	☐	☐
	Schwenkradius	☐	☐	☐	☐	☐	☐	☐	☐
	Öffnungsrichtung	☐	☐	☐	☐	☐	☐	☐	☐
	Türhöhe / Türbreite	☐	☐	☐	☐	☐	☐	☐	☐
	Schließmechanismus / Schlüssel	☐	☐	☐	☐	☐	☐	☐	☐
	Beschläge	☐	☐	☐	☐	☐	☐	☐	☐
	dichtes Schließen / Türfalzdichtungen	☐	☐	☐	☐	☐	☐	☐	☐
	Türblattoberfläche	☐	☐	☐	☐	☐	☐	☐	☐
	Zargenoberfläche / Zargen-Wand-Anschluss	☐	☐	☐	☐	☐	☐	☐	☐
	Türbänder / Befestigung	☐	☐	☐	☐	☐	☐	☐	☐
	lotrechter Einbau	☐	☐	☐	☐	☐	☐	☐	☐
15	**Fenster**								
	Musterübereinstimmung Baubeschreibung	☐	☐	☐	☐	☐	☐	☐	☐
	Schwenkradius	☐	☐	☐	☐	☐	☐	☐	☐
	Öffnungsrichtung	☐	☐	☐	☐	☐	☐	☐	☐
	Schließmechanismus	☐	☐	☐	☐	☐	☐	☐	☐
	Beschläge	☐	☐	☐	☐	☐	☐	☐	☐
	dichtes Schließen	☐	☐	☐	☐	☐	☐	☐	☐
	Glasoberfläche	☐	☐	☐	☐	☐	☐	☐	☐
	Befestigung	☐	☐	☐	☐	☐	☐	☐	☐
	Wandanschluss	☐	☐	☐	☐	☐	☐	☐	☐
	lotrechter Einbau	☐	☐	☐	☐	☐	☐	☐	☐
16	**Fensterbänke**								
	Musterübereinstimmung Baubeschreibung	☐	☐	☐	☐	☐	☐	☐	☐
	Oberfläche (Kratzer, Risse, Sprünge)	☐	☐	☐	☐	☐	☐	☐	☐
	waagerechter Einbau	☐	☐	☐	☐	☐	☐	☐	☐
	Wandanschluss	☐	☐	☐	☐	☐	☐	☐	☐
17	**Rollläden**								
	Musterübereinstimmung Baubeschreibung	☐	☐	☐	☐	☐	☐	☐	☐
	Gangbarkeit	☐	☐	☐	☐	☐	☐	☐	☐
	Rollladenband lotrecht	☐	☐	☐	☐	☐	☐	☐	☐
	Verschmutzung	☐	☐	☐	☐	☐	☐	☐	☐

8.0 Die Abnahme einer neuen Immobilie – Innen

Prüfpunkte für die Hausabnahme – Innen			Keller							
			Raum:	Raum:	Raum:	Raum:	Raum:	Raum:	Raum:	Raum:
Innenbereich										
17	**Rollläden**									
		Verdunkelung	☐	☐	☐	☐	☐	☐	☐	☐
		Befestigung Rollladenklappe	☐	☐	☐	☐	☐	☐	☐	☐
18	**Wandflächen**									
	Tapeten	Musterübereinstimmung Baubeschreibung	☐	☐	☐	☐	☐	☐	☐	☐
		Ebenheit	☐	☐	☐	☐	☐	☐	☐	☐
		Anstrich	☐	☐	☐	☐	☐	☐	☐	☐
		Nähte bei Tapeten / Anschlüsse / Stöße	☐	☐	☐	☐	☐	☐	☐	☐
	Putz	Musterübereinstimmung Baubeschreibung	☐	☐	☐	☐	☐	☐	☐	☐
		Oberflächenstruktur	☐	☐	☐	☐	☐	☐	☐	☐
		Gleichmäßigkeit	☐	☐	☐	☐	☐	☐	☐	☐
		Ebenheit	☐	☐	☐	☐	☐	☐	☐	☐
		Anstrich / Anschlüsse	☐	☐	☐	☐	☐	☐	☐	☐
	Wandfliesen	Musterübereinstimmung Baubeschreibung	☐	☐	☐	☐	☐	☐	☐	☐
		Ebenheit	☐	☐	☐	☐	☐	☐	☐	☐
		Fugenbreite / Fugenverlauf	☐	☐	☐	☐	☐	☐	☐	☐
		Sprünge	☐	☐	☐	☐	☐	☐	☐	☐
		Durchstoßpunkte Sanitärinstallation	☐	☐	☐	☐	☐	☐	☐	☐
		Bordüren	☐	☐	☐	☐	☐	☐	☐	☐
		Ablagen mit Gefälle zum Raum	☐	☐	☐	☐	☐	☐	☐	☐
		Übergänge zu Anschlussbauteilen (Tür etc.)	☐	☐	☐	☐	☐	☐	☐	☐
		Befestigungen (Klopftest)	☐	☐	☐	☐	☐	☐	☐	☐
	Vorwandinstallation	Musterübereinstimmung Baubeschreibung	☐	☐	☐	☐	☐	☐	☐	☐
		Befestigung	☐	☐	☐	☐	☐	☐	☐	☐
		Übergänge zu Anschlusswänden	☐	☐	☐	☐	☐	☐	☐	☐
		Befestigungen (Klopftest)	☐	☐	☐	☐	☐	☐	☐	☐
	Sockelleisten	Musterübereinstimmung Baubeschreibung	☐	☐	☐	☐	☐	☐	☐	☐
		waagerechter Einbau	☐	☐	☐	☐	☐	☐	☐	☐
		Oberfläche	☐	☐	☐	☐	☐	☐	☐	☐
		Wand / Bodenanschluss	☐	☐	☐	☐	☐	☐	☐	☐
		Stöße	☐	☐	☐	☐	☐	☐	☐	☐

Checklisten für die Abnahme – Innen 8.4

Prüfpunkte für die Hausabnahme – Innen			Keller							
			Raum:	Raum:	Raum:	Raum:	Raum:	Raum:	Raum:	Raum:
Innenbereich										
19	Deckenuntersichten									
	Tapeten	Musterübereinstimmung Baubeschreibung	☐	☐	☐	☐	☐	☐	☐	☐
		Ebenheit	☐	☐	☐	☐	☐	☐	☐	☐
		Anstrich	☐	☐	☐	☐	☐	☐	☐	☐
		Nähte bei Tapeten / Anschlüsse / Stöße	☐	☐	☐	☐	☐	☐	☐	☐
		Deckenauslässe (Elektro)	☐	☐	☐	☐	☐	☐	☐	☐
	Putz	Musterübereinstimmung Baubeschreibung	☐	☐	☐	☐	☐	☐	☐	☐
		Oberflächenstruktur	☐	☐	☐	☐	☐	☐	☐	☐
		Gleichmäßigkeit	☐	☐	☐	☐	☐	☐	☐	☐
		Ebenheit	☐	☐	☐	☐	☐	☐	☐	☐
		Anstrich / Anschlüsse	☐	☐	☐	☐	☐	☐	☐	☐
		Deckenauslässe (Elektro)	☐	☐	☐	☐	☐	☐	☐	☐
20	Bodenbeläge										
	Teppich bzw. Linoleum	Musterübereinstimmung Baubeschreibung	☐	☐	☐	☐	☐	☐	☐	☐
		Ebenheit	☐	☐	☐	☐	☐	☐	☐	☐
		Schadenfreiheit	☐	☐	☐	☐	☐	☐	☐	☐
		Fußleisten	☐	☐	☐	☐	☐	☐	☐	☐
	Vorwandinstallation	Musterübereinstimmung Baubeschreibung	☐	☐	☐	☐	☐	☐	☐	☐
		Befestigung	☐	☐	☐	☐	☐	☐	☐	☐
		Übergänge zu Anschlusswänden	☐	☐	☐	☐	☐	☐	☐	☐
		Befestigungen (Klopftest)	☐	☐	☐	☐	☐	☐	☐	☐
		Ebenheit	☐	☐	☐	☐	☐	☐	☐	☐
		Fugenbreite / Fugenverlauf	☐	☐	☐	☐	☐	☐	☐	☐
		Beschädigungen	☐	☐	☐	☐	☐	☐	☐	☐
		Durchstoßpunkte Sanitärinstallation	☐	☐	☐	☐	☐	☐	☐	☐
		falls vorhanden: Bodenabläufe	☐	☐	☐	☐	☐	☐	☐	☐
		Messingabschlussleisten / Übergänge	☐	☐	☐	☐	☐	☐	☐	☐
21	Elektroinstallation										
		Musterübereinstimmung Baubeschreibung	☐	☐	☐	☐	☐	☐	☐	☐
		Schalter / Anzahl und Lage	☐	☐	☐	☐	☐	☐	☐	☐
		Steckdosen / Anzahl und Lage	☐	☐	☐	☐	☐	☐	☐	☐
		Schalterprogramm	☐	☐	☐	☐	☐	☐	☐	☐
		Funktionsfähigkeit	☐	☐	☐	☐	☐	☐	☐	☐
		Lichtauslässe / Anzahl und Lage	☐	☐	☐	☐	☐	☐	☐	☐
		Herdanschluss	☐	☐	☐	☐	☐	☐	☐	☐
		Zugerscheinung an Steckdosen	☐	☐	☐	☐	☐	☐	☐	☐

8.0 Die Abnahme einer neuen Immobilie – Innen

Prüfpunkte für die Hausabnahme Innen		Keller							
		Raum:	Raum:	Raum:	Raum:	Raum:	Raum:	Raum:	Raum:
Innenbereich									
22 Heizungsinstallation									
	Heizkörper / Musterübereinstimmung	☐	☐	☐	☐	☐	☐	☐	☐
	Heizkörper / Dichtigkeit	☐	☐	☐	☐	☐	☐	☐	☐
	Heizkörper / Oberfläche	☐	☐	☐	☐	☐	☐	☐	☐
	Heizkörper / Lage, Anzahl, Größe	☐	☐	☐	☐	☐	☐	☐	☐
	Abnahme Schornsteinfeger	☐	☐	☐	☐	☐	☐	☐	☐
	Funktion Entlüftungsventil	☐	☐	☐	☐	☐	☐	☐	☐
	Befestigung	☐	☐	☐	☐	☐	☐	☐	☐
	Thermostat / Funktionsfähigkeit, Dosierung	☐	☐	☐	☐	☐	☐	☐	☐
23 Sanitärinstallation									
	Armaturen / Musterübereinstimmung	☐	☐	☐	☐	☐	☐	☐	☐
	Objekte / Musterübereinstimmung	☐	☐	☐	☐	☐	☐	☐	☐
	Befestigung	☐	☐	☐	☐	☐	☐	☐	☐
	Einbauhöhe	☐	☐	☐	☐	☐	☐	☐	☐
	Befestigungen (Klopftest)	☐	☐	☐	☐	☐	☐	☐	☐
	Silikondichtungen	☐	☐	☐	☐	☐	☐	☐	☐
	Funktionsfähigkeit	☐	☐	☐	☐	☐	☐	☐	☐
	waagerechte Montage	☐	☐	☐	☐	☐	☐	☐	☐
	Duschtrennwände	☐	☐	☐	☐	☐	☐	☐	☐
	Bad- / WC-Accessoires vollständig?	☐	☐	☐	☐	☐	☐	☐	☐
24 Treppen									
	Musterübereinstimmung Baubeschreibung	☐	☐	☐	☐	☐	☐	☐	☐
	identische Antrittshöhen	☐	☐	☐	☐	☐	☐	☐	☐
	Befestigung Geländer	☐	☐	☐	☐	☐	☐	☐	☐
	Geländerhöhen	☐	☐	☐	☐	☐	☐	☐	☐
	Handläufe, Befestigung	☐	☐	☐	☐	☐	☐	☐	☐
	Handläufe, Oberfläche	☐	☐	☐	☐	☐	☐	☐	☐
	Kopfhöhen	☐	☐	☐	☐	☐	☐	☐	☐
25 Heizungsanlage									
Heizungsraum	Raumbelüftung (Zuluft / Abluft)	☐	☐	☐	☐	☐	☐	☐	☐
	Heizungsraumtür / Feuerschutz notwendig?	☐	☐	☐	☐	☐	☐	☐	☐
Kamin	Musterübereinstimmung Baubeschreibung	☐	☐	☐	☐	☐	☐	☐	☐
	Abnahme Schornsteinfeger	☐	☐	☐	☐	☐	☐	☐	☐
	Wandanschluss / Montage	☐	☐	☐	☐	☐	☐	☐	☐
	Funktionsfähigkeit	☐	☐	☐	☐	☐	☐	☐	☐
	Zuluft	☐	☐	☐	☐	☐	☐	☐	☐
	Rauchabzug / Anschluss an Brenner	☐	☐	☐	☐	☐	☐	☐	☐

Prüfpunkte für die Hausabnahme – Innen			Keller							
			Raum:	Raum:	Raum:	Raum:	Raum:	Raum:	Raum:	Raum:
Innenbereich										
25	Heizungsanlage									
	Brenner	Musterübereinstimmung Baubeschreibung	☐	☐	☐	☐	☐	☐	☐	☐
		Funktionsfähigkeit	☐	☐	☐	☐	☐	☐	☐	☐
		Laufruhe	☐	☐	☐	☐	☐	☐	☐	☐
		Steuerung / Regulierung	☐	☐	☐	☐	☐	☐	☐	☐
		Montage / Befestigung	☐	☐	☐	☐	☐	☐	☐	☐
	Kessel	Musterübereinstimmung Baubeschreibung	☐	☐	☐	☐	☐	☐	☐	☐
		Funktionsfähigkeit	☐	☐	☐	☐	☐	☐	☐	☐
		Laufruhe	☐	☐	☐	☐	☐	☐	☐	☐
		Steuerung / Regulierung	☐	☐	☐	☐	☐	☐	☐	☐
		Montage / Befestigung	☐	☐	☐	☐	☐	☐	☐	☐
	Pumpen	Musterübereinstimmung Baubeschreibung	☐	☐	☐	☐	☐	☐	☐	☐
		Funktionsfähigkeit	☐	☐	☐	☐	☐	☐	☐	☐
		Laufruhe	☐	☐	☐	☐	☐	☐	☐	☐
		Steuerung / Regulierung	☐	☐	☐	☐	☐	☐	☐	☐
		Montage / Befestigung	☐	☐	☐	☐	☐	☐	☐	☐
	Rohre / Ventile	Musterübereinstimmung Baubeschreibung	☐	☐	☐	☐	☐	☐	☐	☐
		Funktionsfähigkeit	☐	☐	☐	☐	☐	☐	☐	☐
		Dichtigkeit	☐	☐	☐	☐	☐	☐	☐	☐
		Wärmeisolierung nach EnEV	☐	☐	☐	☐	☐	☐	☐	☐
		Schallisolierung der Befestigungen	☐	☐	☐	☐	☐	☐	☐	☐
		Montage / Befestigung	☐	☐	☐	☐	☐	☐	☐	☐
	Ausdehnungs-gefäß	Musterübereinstimmung Baubeschreibung	☐	☐	☐	☐	☐	☐	☐	☐
		Funktionsfähigkeit	☐	☐	☐	☐	☐	☐	☐	☐
		Dichtigkeit	☐	☐	☐	☐	☐	☐	☐	☐
		Sicherheitsventile	☐	☐	☐	☐	☐	☐	☐	☐
		Montage / Befestigung	☐	☐	☐	☐	☐	☐	☐	☐
	Öltank	Musterübereinstimmung Baubeschreibung	☐	☐	☐	☐	☐	☐	☐	☐
		Dichtigkeit	☐	☐	☐	☐	☐	☐	☐	☐
		Funktionsfähigkeit Öluhr	☐	☐	☐	☐	☐	☐	☐	☐
		Zulauf	☐	☐	☐	☐	☐	☐	☐	☐
		Ablauf	☐	☐	☐	☐	☐	☐	☐	☐
		Überlauf	☐	☐	☐	☐	☐	☐	☐	☐
		Montage / Befestigung	☐	☐	☐	☐	☐	☐	☐	☐
	Gasheiztherme	Musterübereinstimmung Baubeschreibung	☐	☐	☐	☐	☐	☐	☐	☐
		Funktionsfähigkeit	☐	☐	☐	☐	☐	☐	☐	☐
		Laufruhe	☐	☐	☐	☐	☐	☐	☐	☐

8.0 Die Abnahme einer neuen Immobilie – Innen

Prüfpunkte für die Hausabnahme – Innen			Keller							
			Raum:	Raum:	Raum:	Raum:	Raum:	Raum:	Raum:	Raum:
Innenbereich										
25	**Heizungsanlage**									
	Gasheiztherme	Steuerung / Regulierung	☐	☐	☐	☐	☐	☐	☐	☐
		Montage / Befestigung	☐	☐	☐	☐	☐	☐	☐	☐
	Fernwärme-übergabestation	Musterübereinstimmung Baubeschreibung	☐	☐	☐	☐	☐	☐	☐	☐
		Funktionsfähigkeit	☐	☐	☐	☐	☐	☐	☐	☐
		Laufruhe	☐	☐	☐	☐	☐	☐	☐	☐
		Steuerung / Regulierung	☐	☐	☐	☐	☐	☐	☐	☐
		Montage / Befestigung	☐	☐	☐	☐	☐	☐	☐	☐
26	**Hausanschluss**									
	Wasser-anschluss	Zulauf	☐	☐	☐	☐	☐	☐	☐	☐
		Wanddurchstoßpunkte	☐	☐	☐	☐	☐	☐	☐	☐
		Zähleruhren (Stadtwerke)	☐	☐	☐	☐	☐	☐	☐	☐
		Dichtigkeit	☐	☐	☐	☐	☐	☐	☐	☐
		Ventile / Funktionsfähigkeit	☐	☐	☐	☐	☐	☐	☐	☐
		Montage / Befestigung	☐	☐	☐	☐	☐	☐	☐	☐
	Elektro-anschluss	Zuführung	☐	☐	☐	☐	☐	☐	☐	☐
		Wanddurchstoßpunkte	☐	☐	☐	☐	☐	☐	☐	☐
		Zähleruhren (Stadtwerke)	☐	☐	☐	☐	☐	☐	☐	☐
		Isolierungen	☐	☐	☐	☐	☐	☐	☐	☐
		Sicherungen / Funktionsfähigkeit	☐	☐	☐	☐	☐	☐	☐	☐
		Montage / Befestigung	☐	☐	☐	☐	☐	☐	☐	☐
	Gasanschluss	Zustrom	☐	☐	☐	☐	☐	☐	☐	☐
		Wanddurchstoßpunkte	☐	☐	☐	☐	☐	☐	☐	☐
		Zähleruhren (Stadtwerke)	☐	☐	☐	☐	☐	☐	☐	☐
		Dichtigkeit	☐	☐	☐	☐	☐	☐	☐	☐
		Ventile / Funktionsfähigkeit	☐	☐	☐	☐	☐	☐	☐	☐
		Montage / Befestigung	☐	☐	☐	☐	☐	☐	☐	☐
	Fernwärme-anschluss	Zustrom	☐	☐	☐	☐	☐	☐	☐	☐
		Wanddurchstoßpunkte	☐	☐	☐	☐	☐	☐	☐	☐
		Zustrom	☐	☐	☐	☐	☐	☐	☐	☐
		Wanddurchstoßpunkte	☐	☐	☐	☐	☐	☐	☐	☐
		Zähleruhren (Stadtwerke)	☐	☐	☐	☐	☐	☐	☐	☐
		Dichtigkeit	☐	☐	☐	☐	☐	☐	☐	☐
		Ventile / Funktionsfähigkeit	☐	☐	☐	☐	☐	☐	☐	☐
		Montage / Befestigung	☐	☐	☐	☐	☐	☐	☐	☐

Checklisten für die Abnahme – Innen 8.4

Prüfpunkte für die Hausabnahme – Innen

Die folgende Liste hilft Ihnen, wichtige Prüfpunkte bei der Hausabnahme nicht zu vergessen. Es handelt sich hierbei um Prüfpunkte, bei denen häufig Mängel gefunden werden. Punkte, die Sie überprüft haben, kreuzen Sie einfach an.

EG und OG – Raum: / Raum: / Raum: / Raum: / Raum: / Raum: / Raum: / Raum:

Innenbereich

27 Haustür
- Musterübereinstimmung Baubeschreibung ☐ ☐ ☐ ☐ ☐ ☐ ☐ ☐
- Schwenkradius ☐ ☐ ☐ ☐ ☐ ☐ ☐ ☐
- Öffnungsrichtung ☐ ☐ ☐ ☐ ☐ ☐ ☐ ☐
- Türhöhe / Türbreite ☐ ☐ ☐ ☐ ☐ ☐ ☐ ☐
- Schließmechanismus / Schlüssel ☐ ☐ ☐ ☐ ☐ ☐ ☐ ☐
- Beschläge und Wetterschenkel ☐ ☐ ☐ ☐ ☐ ☐ ☐ ☐
- dichtes Schließen / Türfalzdichtungen ☐ ☐ ☐ ☐ ☐ ☐ ☐ ☐
- Türblattoberfläche ☐ ☐ ☐ ☐ ☐ ☐ ☐ ☐
- Zargenoberfläche / Zargen-Wand-Anschluss ☐ ☐ ☐ ☐ ☐ ☐ ☐ ☐
- Türbänder / Befestigung ☐ ☐ ☐ ☐ ☐ ☐ ☐ ☐
- lotrechter Einbau ☐ ☐ ☐ ☐ ☐ ☐ ☐ ☐

28 Innentüren
- Musterübereinstimmung Baubeschreibung ☐ ☐ ☐ ☐ ☐ ☐ ☐ ☐
- Schwenkradius ☐ ☐ ☐ ☐ ☐ ☐ ☐ ☐
- Öffnungsrichtung ☐ ☐ ☐ ☐ ☐ ☐ ☐ ☐
- Türhöhe / Türbreite ☐ ☐ ☐ ☐ ☐ ☐ ☐ ☐
- Schließmechanismus / Schlüssel ☐ ☐ ☐ ☐ ☐ ☐ ☐ ☐
- Beschläge ☐ ☐ ☐ ☐ ☐ ☐ ☐ ☐
- dichtes Schließen / Türfalzdichtungen ☐ ☐ ☐ ☐ ☐ ☐ ☐ ☐
- Türblattoberfläche ☐ ☐ ☐ ☐ ☐ ☐ ☐ ☐
- Zargenoberfläche / Zargen-Wand-Anschluss ☐ ☐ ☐ ☐ ☐ ☐ ☐ ☐
- Türbänder / Befestigung ☐ ☐ ☐ ☐ ☐ ☐ ☐ ☐
- lotrechter Einbau ☐ ☐ ☐ ☐ ☐ ☐ ☐ ☐

29 Fenster (auch von außen prüfen!)
- Musterübereinstimmung Baubeschreibung ☐ ☐ ☐ ☐ ☐ ☐ ☐ ☐
- Schwenkradius ☐ ☐ ☐ ☐ ☐ ☐ ☐ ☐
- Öffnungsrichtung ☐ ☐ ☐ ☐ ☐ ☐ ☐ ☐
- Schließmechanismus / Beschläge ☐ ☐ ☐ ☐ ☐ ☐ ☐ ☐
- dichtes Schließen ☐ ☐ ☐ ☐ ☐ ☐ ☐ ☐
- Glasoberfläche ☐ ☐ ☐ ☐ ☐ ☐ ☐ ☐
- Befestigung, lotrechter Einbau ☐ ☐ ☐ ☐ ☐ ☐ ☐ ☐
- Wandanschluss innen und außen ☐ ☐ ☐ ☐ ☐ ☐ ☐ ☐
- Anschluss Rollladenschienen / Kasten ☐ ☐ ☐ ☐ ☐ ☐ ☐ ☐
- bei Holzfenstern: Anstrich / Haftung / Farbton ☐ ☐ ☐ ☐ ☐ ☐ ☐ ☐

8.0 Die Abnahme einer neuen Immobilie – Innen

Prüfpunkte für die Hausabnahme – Innen			EG und OG							
			Raum:	Raum:	Raum:	Raum:	Raum:	Raum:	Raum:	Raum:
Innenbereich										
30	**Fensterbänke**									
		Musterübereinstimmung Baubeschreibung	☐	☐	☐	☐	☐	☐	☐	☐
		Oberfläche (Kratzer, Risse, Sprünge)	☐	☐	☐	☐	☐	☐	☐	☐
		waagerechter Einbau	☐	☐	☐	☐	☐	☐	☐	☐
		Wandanschluss	☐	☐	☐	☐	☐	☐	☐	☐
31	**Rollläden**									
	auch von außen prüfen!	Musterübereinstimmung Baubeschreibung	☐	☐	☐	☐	☐	☐	☐	☐
		Gangbarkeit	☐	☐	☐	☐	☐	☐	☐	☐
		Rollladenband lotrecht	☐	☐	☐	☐	☐	☐	☐	☐
		Verschmutzung	☐	☐	☐	☐	☐	☐	☐	☐
		Verdunkelung	☐	☐	☐	☐	☐	☐	☐	☐
		Befestigung Rollladenklappe	☐	☐	☐	☐	☐	☐	☐	☐
32	**Wandflächen**									
	Tapeten	Musterübereinstimmung Baubeschreibung	☐	☐	☐	☐	☐	☐	☐	☐
		Ebenheit	☐	☐	☐	☐	☐	☐	☐	☐
		Anstrich	☐	☐	☐	☐	☐	☐	☐	☐
		Nähte bei Tapeten / Anschlüsse / Stöße	☐	☐	☐	☐	☐	☐	☐	☐
	Putz	Musterübereinstimmung Baubeschreibung	☐	☐	☐	☐	☐	☐	☐	☐
		Oberflächenstruktur	☐	☐	☐	☐	☐	☐	☐	☐
		Gleichmäßigkeit	☐	☐	☐	☐	☐	☐	☐	☐
		Ebenheit	☐	☐	☐	☐	☐	☐	☐	☐
		Anstrich / Anschlüsse	☐	☐	☐	☐	☐	☐	☐	☐
	Wandfliesen	Musterübereinstimmung Baubeschreibung	☐	☐	☐	☐	☐	☐	☐	☐
		Ebenheit	☐	☐	☐	☐	☐	☐	☐	☐
		Fugenbreite / Fugenverlauf	☐	☐	☐	☐	☐	☐	☐	☐
		Sprünge	☐	☐	☐	☐	☐	☐	☐	☐
		Durchstoßpunkte Sanitärinstallation	☐	☐	☐	☐	☐	☐	☐	☐
		Bordüren	☐	☐	☐	☐	☐	☐	☐	☐
		Ablagen mit Gefälle zum Raum	☐	☐	☐	☐	☐	☐	☐	☐
		Übergänge zu Anschlussbauteilen (Tür etc.)	☐	☐	☐	☐	☐	☐	☐	☐
		Haftung am Untergrund (Klopftest)	☐	☐	☐	☐	☐	☐	☐	☐
	Vorwandinstallation	Musterübereinstimmung Baubeschreibung	☐	☐	☐	☐	☐	☐	☐	☐
		Befestigung	☐	☐	☐	☐	☐	☐	☐	☐
		Übergänge zu Anschlusswänden	☐	☐	☐	☐	☐	☐	☐	☐
		Revisionsöffnungen	☐	☐	☐	☐	☐	☐	☐	☐
	Sockelleisten	Musterübereinstimmung Baubeschreibung	☐	☐	☐	☐	☐	☐	☐	☐
		waagerechter Einbau	☐	☐	☐	☐	☐	☐	☐	☐

Checklisten für die Abnahme – Innen   8.4

Prüfpunkte für die Hausabnahme – Innen			EG und OG							
			Raum:	Raum:	Raum:	Raum:	Raum:	Raum:	Raum:	Raum:
Innenbereich										
32	**Wandflächen**									
	Sockelleisten	Oberfläche	☐	☐	☐	☐	☐	☐	☐	☐
		Wand- / Bodenanschluss	☐	☐	☐	☐	☐	☐	☐	☐
		Stöße	☐	☐	☐	☐	☐	☐	☐	☐
33	**Deckenuntersichten**									
	Tapeten	Musterübereinstimmung Baubeschreibung	☐	☐	☐	☐	☐	☐	☐	☐
		Ebenheit	☐	☐	☐	☐	☐	☐	☐	☐
		Anstrich	☐	☐	☐	☐	☐	☐	☐	☐
		Nähte bei Tapeten / Anschlüsse / Stöße	☐	☐	☐	☐	☐	☐	☐	☐
		Deckenauslässe (Elektro)	☐	☐	☐	☐	☐	☐	☐	☐
	Putz	Musterübereinstimmung Baubeschreibung	☐	☐	☐	☐	☐	☐	☐	☐
		Oberflächenstruktur	☐	☐	☐	☐	☐	☐	☐	☐
		Gleichmäßigkeit	☐	☐	☐	☐	☐	☐	☐	☐
		Ebenheit	☐	☐	☐	☐	☐	☐	☐	☐
		Anstrich / Anschlüsse	☐	☐	☐	☐	☐	☐	☐	☐
		Deckenauslässe (Elektro)	☐	☐	☐	☐	☐	☐	☐	☐
	Holz	Musterübereinstimmung Baubeschreibung	☐	☐	☐	☐	☐	☐	☐	☐
		Montagelaufrichtung	☐	☐	☐	☐	☐	☐	☐	☐
		Stöße	☐	☐	☐	☐	☐	☐	☐	☐
		Randabschluss	☐	☐	☐	☐	☐	☐	☐	☐
		Randleisten	☐	☐	☐	☐	☐	☐	☐	☐
		Befestigung	☐	☐	☐	☐	☐	☐	☐	☐
		Deckenauslässe (Elektro)	☐	☐	☐	☐	☐	☐	☐	☐
34	**Bodenbeläge**									
	Teppich bzw. Linoleum	Musterübereinstimmung Baubeschreibung	☐	☐	☐	☐	☐	☐	☐	☐
		Ebenheit	☐	☐	☐	☐	☐	☐	☐	☐
		Schadenfreiheit	☐	☐	☐	☐	☐	☐	☐	☐
		Fußleisten	☐	☐	☐	☐	☐	☐	☐	☐
	Bodenfliesen	Musterübereinstimmung Baubeschreibung	☐	☐	☐	☐	☐	☐	☐	☐
		Ebenheit	☐	☐	☐	☐	☐	☐	☐	☐
		Fugenbreite / Fugenverlauf	☐	☐	☐	☐	☐	☐	☐	☐
		Sprünge	☐	☐	☐	☐	☐	☐	☐	☐
		Durchstoßpunkte Sanitärinstallation	☐	☐	☐	☐	☐	☐	☐	☐
		Falls vorhanden: Bodenabläufe	☐	☐	☐	☐	☐	☐	☐	☐
		Messingabschlussleisten / Übergänge	☐	☐	☐	☐	☐	☐	☐	☐

8.0 Die Abnahme einer neuen Immobilie – Innen

Prüfpunkte für die Hausabnahme – Innen			EG und OG							
			Raum:	Raum:	Raum:	Raum:	Raum:	Raum:	Raum:	Raum:
Innenbereich										
34	Bodenbeläge									
	Parkett	Musterübereinstimmung Baubeschreibung	☐	☐	☐	☐	☐	☐	☐	☐
		Ebenheit / Schliffbild	☐	☐	☐	☐	☐	☐	☐	☐
		Verlegemuster / Verlegerichtung	☐	☐	☐	☐	☐	☐	☐	☐
		Riss- oder Fugenbildung	☐	☐	☐	☐	☐	☐	☐	☐
		Randabstände zur Wand	☐	☐	☐	☐	☐	☐	☐	☐
		Eingelegte Korkstreifen	☐	☐	☐	☐	☐	☐	☐	☐
		Messingabschlussleisten / Übergänge	☐	☐	☐	☐	☐	☐	☐	☐
		Befestigung	☐	☐	☐	☐	☐	☐	☐	☐
35	Elektroinstallation									
		Musterübereinstimmung Baubeschreibung	☐	☐	☐	☐	☐	☐	☐	☐
		Schalter / Anzahl und Lage	☐	☐	☐	☐	☐	☐	☐	☐
		Steckdosen / Anzahl und Lage	☐	☐	☐	☐	☐	☐	☐	☐
		Schalterprogramm	☐	☐	☐	☐	☐	☐	☐	☐
		Funktionsfähigkeit	☐	☐	☐	☐	☐	☐	☐	☐
		Lichtauslässe / Anzahl und Lage	☐	☐	☐	☐	☐	☐	☐	☐
		Herdanschluss	☐	☐	☐	☐	☐	☐	☐	☐
		Zugerscheinungen an Steckdosen	☐	☐	☐	☐	☐	☐	☐	☐
36	Heizungsinstallation									
		Heizkörper / Musterübereinstimmung	☐	☐	☐	☐	☐	☐	☐	☐
		Heizkörper / Dichtigkeit	☐	☐	☐	☐	☐	☐	☐	☐
		Heizkörper / Oberfläche	☐	☐	☐	☐	☐	☐	☐	☐
		Heizkörper / Lage, Anzahl, Größe	☐	☐	☐	☐	☐	☐	☐	☐
		Thermostat / Funktionsfähigkeit, Dosierung	☐	☐	☐	☐	☐	☐	☐	☐
		Falls vorhanden: Entlüftung	☐	☐	☐	☐	☐	☐	☐	☐
		Befestigung	☐	☐	☐	☐	☐	☐	☐	☐
37	Sanitärinstallation									
		Armaturen / Musterübereinstimmung	☐	☐	☐	☐	☐	☐	☐	☐
		Objekte / Musterübereinstimmung	☐	☐	☐	☐	☐	☐	☐	☐
		Befestigung	☐	☐	☐	☐	☐	☐	☐	☐
		Einbauhöhe	☐	☐	☐	☐	☐	☐	☐	☐
		Silikondichtungen	☐	☐	☐	☐	☐	☐	☐	☐
		Funktionsfähigkeit	☐	☐	☐	☐	☐	☐	☐	☐
		waagerechte Montage	☐	☐	☐	☐	☐	☐	☐	☐
		Duschtrennwände	☐	☐	☐	☐	☐	☐	☐	☐
		Bad- / WC-Accessoires vollständig?	☐	☐	☐	☐	☐	☐	☐	☐

Checklisten für die Abnahme – Innen 8.4

Prüfpunkte für die Hausabnahme – Innen		EG und OG							
		Raum:	Raum:	Raum:	Raum:	Raum:	Raum:	Raum:	Raum:
Innenbereich									
38	**Treppen**								
	Musterübereinstimmung Baubeschreibung	☐	☐	☐	☐	☐	☐	☐	☐
	identische Antrittshöhen	☐	☐	☐	☐	☐	☐	☐	☐
	Befestigung Geländer / Geländerhöhen	☐	☐	☐	☐	☐	☐	☐	☐
	Handläufe / Befestigung	☐	☐	☐	☐	☐	☐	☐	☐
	Handläufe / Oberfläche	☐	☐	☐	☐	☐	☐	☐	☐
	Kopfhöhen	☐	☐	☐	☐	☐	☐	☐	☐
39	**Kamine / Öfen**								
	Musterübereinstimmung Baubeschreibung	☐	☐	☐	☐	☐	☐	☐	☐
	Wandanschluss / Montage	☐	☐	☐	☐	☐	☐	☐	☐
	Funktionsfähigkeit	☐	☐	☐	☐	☐	☐	☐	☐
	Zuluft und Rauchabzug	☐	☐	☐	☐	☐	☐	☐	☐
	Steuerung / Regulierung	☐	☐	☐	☐	☐	☐	☐	☐
40	**Terrassentür**								
	Musterübereinstimmung Baubeschreibung	☐	☐	☐	☐	☐	☐	☐	☐
	Schwenkradius	☐	☐	☐	☐	☐	☐	☐	☐
	Öffnungsrichtung	☐	☐	☐	☐	☐	☐	☐	☐
	Glasoberfläche	☐	☐	☐	☐	☐	☐	☐	☐
	Türhöhe / Türbreite	☐	☐	☐	☐	☐	☐	☐	☐
	Schließmechanismus / Schlüssel	☐	☐	☐	☐	☐	☐	☐	☐
	Beschläge / Wetterschenkel	☐	☐	☐	☐	☐	☐	☐	☐
	dichtes Schließen / Türfalzdichtungen	☐	☐	☐	☐	☐	☐	☐	☐
	Zargenoberfläche / Zargen-Wand-Anschluss	☐	☐	☐	☐	☐	☐	☐	☐
	Türbänder / Befestigung	☐	☐	☐	☐	☐	☐	☐	☐
	lotrechter Einbau	☐	☐	☐	☐	☐	☐	☐	☐

8.0 Die Abnahme einer neuen Immobilie – Innen

Prüfpunkte für die Hausabnahme – Innen		Dachgeschoss							
Die folgende Liste hilft Ihnen, wichtige Prüfpunkte bei der Hausabnahme nicht zu vergessen. Es handelt sich hierbei um Prüfpunkte, bei denen häufig Mängel gefunden werden. Punkte, die Sie überprüft haben, kreuzen Sie einfach an.		Raum:	Raum:	Raum:	Raum:	Raum:	Raum:	Raum:	Raum:
Innenbereich									
41 Innentüren									
	Musterübereinstimmung Baubeschreibung	☐	☐	☐	☐	☐	☐	☐	☐
	Schwenkradius	☐	☐	☐	☐	☐	☐	☐	☐
	Öffnungsrichtung	☐	☐	☐	☐	☐	☐	☐	☐
	Türhöhe / Türbreite	☐	☐	☐	☐	☐	☐	☐	☐
	Schließmechanismus / Schlüssel	☐	☐	☐	☐	☐	☐	☐	☐
	Beschläge	☐	☐	☐	☐	☐	☐	☐	☐
	dichtes Schließen / Türfalzdichtungen	☐	☐	☐	☐	☐	☐	☐	☐
	Türblattoberfläche	☐	☐	☐	☐	☐	☐	☐	☐
	Zargenoberfläche / Zargen-Wand-Anschluss	☐	☐	☐	☐	☐	☐	☐	☐
	Türbänder / Befestigung	☐	☐	☐	☐	☐	☐	☐	☐
	lotrechter Einbau	☐	☐	☐	☐	☐	☐	☐	☐
42 Balkonaußentüren									
	Musterübereinstimmung Baubeschreibung	☐	☐	☐	☐	☐	☐	☐	☐
	Schwenkradius	☐	☐	☐	☐	☐	☐	☐	☐
	Öffnungsrichtung	☐	☐	☐	☐	☐	☐	☐	☐
	Türhöhe / Türbreite	☐	☐	☐	☐	☐	☐	☐	☐
	Schließmechanismus / Schlüssel	☐	☐	☐	☐	☐	☐	☐	☐
	Beschläge	☐	☐	☐	☐	☐	☐	☐	☐
	Wetterschenkel	☐	☐	☐	☐	☐	☐	☐	☐
	dichtes Schließen / Türfalzdichtungen	☐	☐	☐	☐	☐	☐	☐	☐
	Türblattoberfläche	☐	☐	☐	☐	☐	☐	☐	☐
	Zargenoberfläche / Zargen-Wand-Anschluss	☐	☐	☐	☐	☐	☐	☐	☐
	Türbänder / Befestigung	☐	☐	☐	☐	☐	☐	☐	☐
	lotrechter Einbau	☐	☐	☐	☐	☐	☐	☐	☐
43 Fenster									
auch von außen prüfen!	Musterübereinstimmung Baubeschreibung	☐	☐	☐	☐	☐	☐	☐	☐
	Schwenkradius	☐	☐	☐	☐	☐	☐	☐	☐
	Öffnungsrichtung	☐	☐	☐	☐	☐	☐	☐	☐
	Schließmechanismus / Beschläge	☐	☐	☐	☐	☐	☐	☐	☐
	dichtes Schließen	☐	☐	☐	☐	☐	☐	☐	☐
	Glasoberfläche	☐	☐	☐	☐	☐	☐	☐	☐
	Befestigung	☐	☐	☐	☐	☐	☐	☐	☐
	Wandanschluss innen und außen	☐	☐	☐	☐	☐	☐	☐	☐
	Anschluss Rollladenschienen / Kasten	☐	☐	☐	☐	☐	☐	☐	☐
	bei Holzfenstern: Anstrich / Haftung / Farbton	☐	☐	☐	☐	☐	☐	☐	☐
	lotrechter Einbau	☐	☐	☐	☐	☐	☐	☐	☐

Prüfpunkte für die Hausabnahme – Innen

Dachgeschoss: Raum: / Raum: / Raum: / Raum: / Raum: / Raum: / Raum: / Raum:

Innenbereich

44 Fensterbänke
- Musterübereinstimmung Baubeschreibung ☐ ☐ ☐ ☐ ☐ ☐ ☐ ☐
- Oberfläche (Kratzer, Risse, Sprünge) ☐ ☐ ☐ ☐ ☐ ☐ ☐ ☐
- waagerechter Einbau ☐ ☐ ☐ ☐ ☐ ☐ ☐ ☐
- Wandanschluss ☐ ☐ ☐ ☐ ☐ ☐ ☐ ☐

45 Rollläden *(auch von außen prüfen!)*
- Musterübereinstimmung Baubeschreibung ☐ ☐ ☐ ☐ ☐ ☐ ☐ ☐
- Gangbarkeit ☐ ☐ ☐ ☐ ☐ ☐ ☐ ☐
- Rollladenband lotrecht ☐ ☐ ☐ ☐ ☐ ☐ ☐ ☐
- Verschmutzung ☐ ☐ ☐ ☐ ☐ ☐ ☐ ☐
- Verdunkelung ☐ ☐ ☐ ☐ ☐ ☐ ☐ ☐
- Befestigung Rollladenklappe ☐ ☐ ☐ ☐ ☐ ☐ ☐ ☐

46 Wandflächen

Tapeten
- Musterübereinstimmung Baubeschreibung ☐ ☐ ☐ ☐ ☐ ☐ ☐ ☐
- Ebenheit ☐ ☐ ☐ ☐ ☐ ☐ ☐ ☐
- Anstrich ☐ ☐ ☐ ☐ ☐ ☐ ☐ ☐
- Nähte bei Tapeten / Anschlüsse, Stöße ☐ ☐ ☐ ☐ ☐ ☐ ☐ ☐

Putz
- Musterübereinstimmung Baubeschreibung ☐ ☐ ☐ ☐ ☐ ☐ ☐ ☐
- Oberflächenstruktur ☐ ☐ ☐ ☐ ☐ ☐ ☐ ☐
- Gleichmäßigkeit ☐ ☐ ☐ ☐ ☐ ☐ ☐ ☐
- Ebenheit ☐ ☐ ☐ ☐ ☐ ☐ ☐ ☐
- Anstrich / Anschlüsse ☐ ☐ ☐ ☐ ☐ ☐ ☐ ☐

Wandfliesen
- Musterübereinstimmung Baubeschreibung ☐ ☐ ☐ ☐ ☐ ☐ ☐ ☐
- Ebenheit ☐ ☐ ☐ ☐ ☐ ☐ ☐ ☐
- Fugenbreite / Fugenverlauf ☐ ☐ ☐ ☐ ☐ ☐ ☐ ☐
- Sprünge ☐ ☐ ☐ ☐ ☐ ☐ ☐ ☐
- Durchstoßpunkte Sanitärinstallation ☐ ☐ ☐ ☐ ☐ ☐ ☐ ☐
- Bordüren ☐ ☐ ☐ ☐ ☐ ☐ ☐ ☐
- Ablagen mit Gefälle zum Raum ☐ ☐ ☐ ☐ ☐ ☐ ☐ ☐
- Übergänge zu Anschlussbauteilen (Tür etc.) ☐ ☐ ☐ ☐ ☐ ☐ ☐ ☐
- Befestigung (Klopftest) ☐ ☐ ☐ ☐ ☐ ☐ ☐ ☐

Vorwandinstallation
- Musterübereinstimmung Baubeschreibung ☐ ☐ ☐ ☐ ☐ ☐ ☐ ☐
- Befestigung ☐ ☐ ☐ ☐ ☐ ☐ ☐ ☐
- Übergänge zu Anschlusswänden ☐ ☐ ☐ ☐ ☐ ☐ ☐ ☐
- Revisionsöffnungen ☐ ☐ ☐ ☐ ☐ ☐ ☐ ☐

8.0 Die Abnahme einer neuen Immobilie – Innen

Prüfpunkte für die Hausabnahme – Innen			Dachgeschoss							
			Raum:	Raum:	Raum:	Raum:	Raum:	Raum:	Raum:	Raum:
Innenbereich										
46	**Wandflächen**									
	Sockelleisten	Musterübereinstimmung Baubeschreibung	☐	☐	☐	☐	☐	☐	☐	☐
		waagerechter Einbau	☐	☐	☐	☐	☐	☐	☐	☐
		Oberfläche	☐	☐	☐	☐	☐	☐	☐	☐
		Wand- / Bodenanschluss	☐	☐	☐	☐	☐	☐	☐	☐
		Stöße	☐	☐	☐	☐	☐	☐	☐	☐
47	**Deckenuntersichten**									
	Tapeten	Musterübereinstimmung Baubeschreibung	☐	☐	☐	☐	☐	☐	☐	☐
		Ebenheit	☐	☐	☐	☐	☐	☐	☐	☐
		Anstrich	☐	☐	☐	☐	☐	☐	☐	☐
		Nähte bei Tapeten / Anschlüsse, Stöße	☐	☐	☐	☐	☐	☐	☐	☐
		Deckenauslässe (Elektro)	☐	☐	☐	☐	☐	☐	☐	☐
	Putz	Musterübereinstimmung Baubeschreibung	☐	☐	☐	☐	☐	☐	☐	☐
		Oberflächenstruktur	☐	☐	☐	☐	☐	☐	☐	☐
		Gleichmäßigkeit	☐	☐	☐	☐	☐	☐	☐	☐
		Ebenheit	☐	☐	☐	☐	☐	☐	☐	☐
		Anstrich / Anschlüsse	☐	☐	☐	☐	☐	☐	☐	☐
		Deckenauslässe (Elektro)	☐	☐	☐	☐	☐	☐	☐	☐
	Holz	Musterübereinstimmung Baubeschreibung	☐	☐	☐	☐	☐	☐	☐	☐
		Montagelaufrichtung	☐	☐	☐	☐	☐	☐	☐	☐
		Stöße	☐	☐	☐	☐	☐	☐	☐	☐
		Randabschluss	☐	☐	☐	☐	☐	☐	☐	☐
		Randleisten	☐	☐	☐	☐	☐	☐	☐	☐
		Befestigung	☐	☐	☐	☐	☐	☐	☐	☐
		Deckenauslässe (Elektro)	☐	☐	☐	☐	☐	☐	☐	☐
48	**Bodenbeläge**									
	Teppich bzw. Linoleum	Musterübereinstimmung Baubeschreibung	☐	☐	☐	☐	☐	☐	☐	☐
		Ebenheit	☐	☐	☐	☐	☐	☐	☐	☐
		Schadenfreiheit	☐	☐	☐	☐	☐	☐	☐	☐
		Fußleisten	☐	☐	☐	☐	☐	☐	☐	☐
	Bodenfliesen	Musterübereinstimmung Baubeschreibung	☐	☐	☐	☐	☐	☐	☐	☐
		Ebenheit	☐	☐	☐	☐	☐	☐	☐	☐
		Fugenbreite / Fugenverlauf	☐	☐	☐	☐	☐	☐	☐	☐
		Sprünge	☐	☐	☐	☐	☐	☐	☐	☐
		Durchstoßpunkte Sanitärinstallation	☐	☐	☐	☐	☐	☐	☐	☐

Checklisten für die Abnahme – Innen 8.4

Prüfpunkte für die Hausabnahme – Innen			Dachgeschoss							
			Raum:	Raum:	Raum:	Raum:	Raum:	Raum:	Raum:	Raum:
Innenbereich										
48	**Bodenbeläge**									
	Bodenfliesen	Falls vorhanden: Bodenabläufe	☐	☐	☐	☐	☐	☐	☐	☐
		Messingabschlussleisten / Übergänge	☐	☐	☐	☐	☐	☐	☐	☐
	Parkett	Musterübereinstimmung Baubeschreibung	☐	☐	☐	☐	☐	☐	☐	☐
		Ebenheit	☐	☐	☐	☐	☐	☐	☐	☐
		Schliffbild	☐	☐	☐	☐	☐	☐	☐	☐
		Verlegemuster / Verlegerichtung	☐	☐	☐	☐	☐	☐	☐	☐
		Riss- oder Fugenbildung	☐	☐	☐	☐	☐	☐	☐	☐
		Randabstände zur Wand	☐	☐	☐	☐	☐	☐	☐	☐
		eingelegte Korkstreifen	☐	☐	☐	☐	☐	☐	☐	☐
		Messingabschlussleisten / Übergänge	☐	☐	☐	☐	☐	☐	☐	☐
		Befestigung	☐	☐	☐	☐	☐	☐	☐	☐
49	**Elektroinstallation**									
		Musterübereinstimmung Baubeschreibung	☐	☐	☐	☐	☐	☐	☐	☐
		Schalter / Anzahl und Lage	☐	☐	☐	☐	☐	☐	☐	☐
		Steckdosen / Anzahl und Lage	☐	☐	☐	☐	☐	☐	☐	☐
		Schalterprogramm	☐	☐	☐	☐	☐	☐	☐	☐
		Funktionsfähigkeit	☐	☐	☐	☐	☐	☐	☐	☐
		Lichtauslässe / Anzahl und Lage	☐	☐	☐	☐	☐	☐	☐	☐
		Herdanschluss	☐	☐	☐	☐	☐	☐	☐	☐
		Zugerscheinungen an Steckdosen	☐	☐	☐	☐	☐	☐	☐	☐
50	**Heizungsinstallation**									
		Heizkörper / Musterübereinstimmung	☐	☐	☐	☐	☐	☐	☐	☐
		Heizkörper / Dichtigkeit	☐	☐	☐	☐	☐	☐	☐	☐
		Heizkörper / Oberfläche	☐	☐	☐	☐	☐	☐	☐	☐
		Heizkörper / Lage, Anzahl, Größe	☐	☐	☐	☐	☐	☐	☐	☐
		Thermostat / Funktionsfähigkeit, Dosierung	☐	☐	☐	☐	☐	☐	☐	☐
		falls vorhanden: Entlüftung	☐	☐	☐	☐	☐	☐	☐	☐
		Befestigung	☐	☐	☐	☐	☐	☐	☐	☐
		Standrost am Kamin	☐	☐	☐	☐	☐	☐	☐	☐
51	**Sanitärinstallation**									
		Armaturen / Musterübereinstimmung	☐	☐	☐	☐	☐	☐	☐	☐
		Objekte / Musterübereinstimmung	☐	☐	☐	☐	☐	☐	☐	☐
		Befestigung	☐	☐	☐	☐	☐	☐	☐	☐
		Einbauhöhe	☐	☐	☐	☐	☐	☐	☐	☐
		Silikondichtungen	☐	☐	☐	☐	☐	☐	☐	☐
		Funktionsfähigkeit	☐	☐	☐	☐	☐	☐	☐	☐

8.0 Die Abnahme einer neuen Immobilie – Innen

Prüfpunkte für die Hausabnahme – Innen	Dachgeschoss							
	Raum:	Raum:	Raum:	Raum:	Raum:	Raum:	Raum:	Raum:
Innenbereich								
51 Sanitärinstallation								
waagerechte Montage	☐	☐	☐	☐	☐	☐	☐	☐
Duschtrennwände	☐	☐	☐	☐	☐	☐	☐	☐
Bad- / WC-Accessoires vollständig?	☐	☐	☐	☐	☐	☐	☐	☐
52 Treppen								
Musterübereinstimmung Baubeschreibung	☐	☐	☐	☐	☐	☐	☐	☐
identische Antrittshöhen	☐	☐	☐	☐	☐	☐	☐	☐
Befestigung Geländer	☐	☐	☐	☐	☐	☐	☐	☐
Geländerhöhen	☐	☐	☐	☐	☐	☐	☐	☐
Handläufe / Befestigung	☐	☐	☐	☐	☐	☐	☐	☐
Handläufe / Oberfläche	☐	☐	☐	☐	☐	☐	☐	☐
Kopfhöhen	☐	☐	☐	☐	☐	☐	☐	☐
Einschubtreppe / Funktion	☐	☐	☐	☐	☐	☐	☐	☐
Einschubtreppe / Musterübereinstimmung	☐	☐	☐	☐	☐	☐	☐	☐
53 Dachfenster								
Musterübereinstimmung Baubeschreibung	☐	☐	☐	☐	☐	☐	☐	☐
Wandanschlüsse	☐	☐	☐	☐	☐	☐	☐	☐
Funktionsfähigkeit	☐	☐	☐	☐	☐	☐	☐	☐
Feststellen zum Putzen möglich	☐	☐	☐	☐	☐	☐	☐	☐
höher als umgebende Dachfläche montiert	☐	☐	☐	☐	☐	☐	☐	☐
Falzdichtung des Fensters	☐	☐	☐	☐	☐	☐	☐	☐

9.0 Die Übergabe einer gebrauchten Immobilie von Privat

Wenn Sie ein gebrauchtes Haus erwerben, gibt es – im Gegensatz zu einem neuen Haus – keine Abnahme, sondern eine Übergabe. Denn beim Kauf eines gebrauchten Hauses geht man davon aus, dass gekauft wird wie gesehen. Das heißt, beim Kauf eines gebrauchten Hauses sind die Besichtigungstermine sehr wichtig. Häufig wird im notariellen Kaufvertrag auch festgelegt, wann exakt die Hausübergabe erfolgt (siehe Kapitel 6.2). Sie werden sich also zu einem bestimmten Tag an dem von Ihnen erworbenen gebrauchten Objekt einfinden und mit den Vorbesitzern die Übergabe durchführen.

9.1 Vorgehen bei der Übergabe

Bei der Übergabe ist es natürlich zunächst einmal wichtig, dass Sie alle Dinge so vorfinden, wie dies auch im Kaufvertrag vereinbart war. Haben Sie zum Beispiel im Kaufvertrag die Übergabe eines leergeräumten Hauses vereinbart, sollte der Keller nun nicht mit Gerümpel voll gestellt sein. Haben Sie die Übernahme einer Einbauküche vereinbart, sollte diese nicht plötzlich ausgebaut sein. Daher ist es sinnvoll, bei der Übergabe gemeinsam durch das Haus zu gehen und alle Dinge, die noch zu klären sind, auch zu klären. Zwar ist ein Protokoll bei einer solchen Übergabe nicht zwingend notwendig, trotzdem kann es sinnvoll sein, gemeinsam ein Protokoll zu erstellen, damit es im Nachhinein nicht zu Unstimmigkeiten kommt. Es ist allerdings so, dass Sie den Kaufvertrag des Hauses zu diesem Zeitpunkt bereits unterzeichnet haben. Nicht zur Übergabe des Hauses also, sondern zum Zeitpunkt des Kaufvertrages sollte alles schriftlich im Vertrag so festgehalten werden, wie Sie es zu übernehmen wünschen.

Wenn Sie ein Protokoll erstellen, sollte dieses anschließend sowohl von Käufer- wie auch von Verkäuferseite unterzeichnet werden und jeder einen Durchschlag erhalten. Soweit ein Makler diesen Termin im Auftrag des Verkäufers durchführt, wird das Protokoll gemeinsam mit ihm erstellt. Die Handlungsvollmacht des Maklers sollte dann Protokollanlage werden. Was Sie auf alle Fälle protokollieren können, sind die aktuellen Verbrauchsstände von Strom, Wasser, Gas oder auch Öl. Da Öl häufig ja im Haus bevorratet wird und nicht billig ist, kann der Restbestand an Öl im Tank notiert werden und getrennt vom Kaufpreis des Hauses abgerechnet werden. Aber auch das muss bereits im Kaufvertrag geregelt sein.

Wichtig ist bei der Übergabe auch das Sie sich noch einmal etwas wie eine Gebrauchsanweisung des Hauses vermitteln lassen, also die wichtigsten Handgriffe (beispielsweise bei alten Öfen oder Speicherleitern) oder die wichtigsten Orte noch mal zeigen lasen (z.B. Ölstutzen zur Öltankbefüllung oder Entleerungsklappe des Kaminschachts). Auf was Sie dabei alles achten müssen, finden Sie in der Checkliste unter 9.3.

9.2 Mängel bei der Übergabe

Es kann sein, dass Sie bei der Übergabe mit Dingen konfrontiert sind, die so im Kaufvertrag nicht vereinbart waren. Dann ist es wichtig, dass Sie schnell reagieren und am besten noch für den gleichen Tag einen Wiederholungstermin vereinbaren, zu dem dann aber auch Zeugen und ein Rechtsbeistand zugegen sind, um das Problem exakt zu dokumentieren. Falls notwendig sollte auch ein Bausachverständiger anwesend sein. Damit Sie im Falle des Falles schnell reagieren können, kann es sinnvoll sein, einem Anwalt und einem Architekten Ihres Vertrauens, mit denen Sie auch den Kaufvertrag durchgesprochen bzw. das Haus besichtigt haben, schon rechtzeitig im voraus mitzuteilen, wann die Hausübergabe stattfindet, so dass sich beide den Tag für Eventualitäten vorsorglich flexibel freihalten.

Reagieren Sie auf Unstimmigkeiten bei der Übergabe nicht gleich angemessen, kann das zu Verschleppungen und Verzögerungen sowohl der Hausübergabe wie vor allem auch der Lösung der Probleme führen. Gehen Sie davon aus, dass Vereinbarungen in der Regel nicht unbeabsichtigt »vergessen« wurden (z.B. dass die Einbauküche im Haus verbleibt). Erfahrungsgemäß werden die Dinge im Nachgang dann sehr schnell anders dargestellt, als sie es wirklich waren usw. Klären Sie Probleme daher möglichst noch am gleichen Tag, soweit notwendig direkt mit Ihrem Anwalt oder Architekten.

9.3 Checkliste für die Übergabe

Damit Sie bei Ihrem Übergabetermin nicht vergessen, sich wichtige Dinge erklären oder aushändigen zu lassen, finden Sie in der nachfolgenden Liste alle wichtigen Punkte.

Zu übergebende Planunterlagen:

- genehmigte Bauantragsunterlagen mit Plänen des Gebäudes
- Werkplanung
- Pläne zur Haustechnik

Zu übergebende Berechnungsunterlagen:

- Flächenberechungen mit Rechenweg und Plänen, soweit vorhanden
- statische Berechnung und Statikpläne
- Wärmebedarfsberechnung und Schallschutznachweis, soweit vorhanden auch den Energiebedarfsausweis nach EnEV
- ab voraussichtlich Mitte 2006 den Gebäudeenergiepass

Zu übergebende Baubeschreibungsunterlagen:

- Baubeschreibung mit allen Angaben zu Baumaterialien, Bauelementen und Ausführungen, soweit vorhanden

Zu übergebende Modernisierungsnachweise:

- Auflistung der größeren Sanierungs- und Reparaturarbeiten
- Adressliste der Unternehmen, die das Gebäude errichtet oder modernisiert haben
- Aufträge und Abrechnungen mit Unternehmen, die noch in der Gewährleistungszeit sind

Zu übergebende Betriebs- und Wartungsnachweise:

- Betriebsanleitungen für Heizung, Alarmanlage etc.
- Wartungshefte für Heizungsanlage
- Wartungsverträge

Zu übergebende allgemeine Unterlagen und Dokumente

- Versicherungsunterlagen
- Bescheinigungen des Schornsteinfegers aus den letzten Jahren
- Schriftwechsel mit oder Informationen der Kommune zu Haus und Grundstück

Zu übergebende Schlüssel:

- Schlüssel für sämtliche Türen und Fenster
- Briefkastenschlüssel
- ggf. Schlüssel für Hof- und Garagentor
- ggf. Schlüssel für Öltankschloss

Abb. 36:
Was bei der Übergabe ausgehändigt und gezeigt werden sollte

10.0 Mängel und Gewährleistung nach der Abnahme bzw. Übergabe

Je nachdem, ob Sie eine neue oder eine gebrauchte Immobilie erwerben, sind die Handhabung der Gewährleistung und das Vorgehen bei auftretenden Mängeln sehr unterschiedlich. Die wichtigsten Regelungen finden Sie nachfolgend.

10.1 Die Gewährleistung bei einer neuen Immobilie

Wenn Sie eine neue Immobilie erwerben, haben Sie grundsätzlich einen Gewährleistungsanspruch. Dieser Gewährleistungsanspruch richtet sich danach, welchen Vertrag Sie abgeschlossen haben. In der Regel werden Sie einen Kaufvertrag nach dem Bürgerlichen Gesetzbuch (BGB) abschließen. Dann haben Sie eine Gewährleistungszeit von fünf Jahren. Das heißt, ab dem Zeitpunkt der Abnahme des Hauses durch Sie haben Sie fünf Jahre lang das Recht auf Behebung von auftretenden Mängeln, die bei der Abnahme nachweislich nicht erkennbar waren. Allerdings müssen Sie dem Verkäufer nachweisen, dass es sich bei dem von Ihnen behaupteten Mangel auch tatsächlich um einen Mangel handelt.

10.2 Die Gewährleistung bei einer gebrauchten Immobilie

Beim Erwerb einer gebrauchten Immobilie sieht die Gewährleistung etwas anders aus. Hier kommt es darauf an, ob Sie die Immobilie von einem professionellen Immobilienhändler aus dessen Bestand erwerben oder von privat. Erwerben Sie eine Bestandsimmobilie haben Sie grundsätzlich keine Gewährleistung, denn Sie kaufen das Objekt in dem Zustand, in dem Sie es ausführlich besichtigen können. Nur wenn Ihnen arglistig etwas verschwiegen wurde, was der Verkäufer zum Zeitpunkt des Verkaufs nachweislich wusste, können Sie Ansprüche geltend machen. Dies ist aber häufig so gut wie nicht nachweisbar.

Ein anderer Gewährleistungsanspruch kann eintreten, wenn Sie Gewährleistungsansprüche des Vorbesitzers übernehmen. Wenn der Vorbesitzer des Hauses beispielsweise alle Fenster wechseln ließ, darauf vier Jahre Gewährleistung erhielt, aber bereits zwei Jahre nach den Fensterarbeiten das Haus verkauft, können Sie dessen Ansprüche auf Gewährleistung gegenüber der Fensterbaufirma übernehmen (siehe Kapitel 6.2). Gleiches gilt natürlich auch für das gesamte Haus, wenn Sie zum Beispiel ein Gebäude erwerben, dass der Vorbesitzer zwei Jahre zuvor bei einem Bauträger nach BGB erworben hat. Dann haben

Sie theoretisch noch einen Gewährleistungsanspruch von drei Jahren gegenüber dem Bauträger, wenn Ihnen die Gewährleistungsrechte im Kaufvertrag ausdrücklich mit übertragen wurden.

10.3 Das Vorgehen bei Mängeln einer neuen Immobilie nach der Abnahme

Wenn Sie bei einer neu gekauften Immobilie nach der Abnahme einen Mangel entdecken, ist es sinnvoll, zunächst festzustellen, ob es sich tatsächlich um einen Mangel handelt. Dann müssen Sie feststellen, ob Sie diesen Mangel nicht bereits bei der Abnahme hätten sehen müssen (beispielsweise ein Kratzer in einer Glasscheibe). Ist dies der Fall, wird es schwierig, weil der Verkäufer Sie dann natürlich zunächst darauf hinweisen wird, dass Sie diesen Mangel bei der Abnahme hätten vorbehalten müssen. Daher wäre als nächstes zu klären, ob dieser Mangel bei der Abnahme verdeckt war, weil das Fenster zum Zeitpunkt der Abnahme z.B. nicht gereinigt war. Dann aber wäre es ebenfalls gut gewesen, sie hätten genau den Umstand, dass das Fenster nicht gereinigt war, in das Abnahmeprotokoll aufnehmen lassen.

Handelt es sich aber um einen eindeutigen Mangel, der auch bei der Abnahme beim besten Willen nicht zu sehen war, zum Beispiel ein undichtes Rohr in einer Wand, die nun feucht ist, liegt der Fall klar. Soweit die Theorie. Die Praxis sieht meist anders aus. In aller Regel wird jeglicher Mangel von der Verkäuferseite zunächst einmal abgestritten. Häufig ist es schwierig, einen Bauträger überhaupt dazu zu bewegen, sich einen Mangel vor Ort anzusehen. Daher ist es wichtig, dass Sie Ihr Vorgehen von vornherein schriftlich dokumentieren, dem Bauträger also auch eine schriftliche Darlegung des Mangels und Bitte um Behebung senden. Es ist sinnvoll, hier immer auch einen Zeitrahmen festzuhalten, bis wann der Mangel behoben sein sollte. Um einem solchen Schreiben die Schärfe zu nehmen, können Sie auch zunächst anrufen und das Schreiben kurz ankündigen. Ist der Bauträger dann nicht bereit zu kommen oder kommt er und streitet einen Mangel ab, können Sie ihm noch eine Nachfrist einräumen und dann einen anderen Unternehmer mit der Behebung des Mangels beauftragen, auf Kosten Ihres Bauträgers. Bezahlt wird dies dann durch den Sicherheitseinbehalt von fünf Prozent der Bausumme, der während der gesamten Gewährleistungszeit bei Ihnen verbleibt, sofern Sie einen solchen schriftlich vereinbart haben. Ansonsten bleibt Ihnen nichts anderes übrig, als in Vorleistung zu gehen und die Kosten dann notfalls gerichtlich geltend zu machen.

Aber es ist auch Vorsicht geboten: Denn durch die Behebung des Mangels zerstören Sie natürlich auch Ihr wirksamstes Beweismittel. Und selbst, wenn Sie zuvor eine genaue Dokumentation des Mangels anfertigen lassen, ist dies vor Gericht im Zweifel immer nur ein Parteigutachten. Handelt es sich also um einen sehr großen Schaden wie ein komplett undichtes Dach, dessen Behebung nicht mehr über den Sicherheitseinbehalt getragen werden kann, sollte Ihr Vorgehen eng mit einem auf Bau- und Architektenrecht spezialisierten Anwalt durchgesprochen und abgestimmt werden.

Komplex wird es auch, wenn die Gewährleistungszeit bereits weit fortgeschritten ist und Sie kurz vor Ablauf derselben einen Mangel entdecken. Das Mangelschreiben, das Sie an Ihren Bauträger senden, setzt nicht den Lauf der Gewährleistungszeit außer Kraft, sondern diese läuft solange weiter (also ihrem Ende entgegen) bis der Bauträger den Mangel seinerseits als solchen anerkennt oder aber Sie ein selbstständiges gerichtliches Beweisverfahren einleiten. Stehen Sie also kurz vor Ablauf der Gewährleistungszeit, ist es ebenfalls wichtig, dass Sie einen Anwalt einschalten, der sich um die Sicherung Ihrer Ansprüche kümmert. Diese könnten Ihnen sonst tatsächlich aus formalen Gründen verloren gehen.

10.4 Das Vorgehen bei Mängeln einer gebrauchten Immobilie nach der Übergabe

Bei einer gebrauchten Immobilie verhält es sich mit Mängeln, die Sie nach dem Kauf entdecken, ganz anders, als nach der Abnahme einer neuen Immobilie. Eine gebrauchte Immobilie wird Ihnen nach dem notariellen Kaufvorgang – wie bereits erwähnt – auch mehr oder weniger nur übergeben. Ein Mangel, auch ein solcher, den Sie bei der Übergabe nicht gesehen haben, berechtigt Sie dann nicht zu Ansprüchen gegenüber dem Verkäufer, wenn dieser den Mangel nicht arglistig verschwiegen hat. Wenn Sie also beispielsweise feststellen, dass der Öltank des Hauses, das Sie gekauft haben, undicht ist und der Verkäufer Sie nicht darauf hingewiesen hat, dann müssen Sie ihm nachweisen, dass er davon wusste und Ihnen dies arglistig verschwiegen hat. Die Führung dieses Nachweises ist in aller Regel schwer. Ein besserer Weg, sich gegen solche Probleme zu schützen ist, vor dem Hauskauf einen Sachverständigen einzuschalten und ihm einen umfassenden Begutachtungsauftrag zu geben mit einer klaren Zielvorgabe der Beurteilung, ob die Immobilie Mängel irgendeiner Art aufweist und was eine Beseitigung der Mängel kosten würde. Mit einer solchen schriftlichen Beauftragung haftet der Gutachter dann auch für den Fall, dass er Mängel übersieht.

Zum Schluss

Der Kauf eines Hauses, ob neu oder gebraucht, ist zwar nicht so aufwändig wie der individuelle Hausbau, doch auch für den Hauskauf benötigen Sie viel Zeit, Ausdauer, Verhandlungsgeschick und natürlich auch Glück, dass Sie das richtige Objekt zufällig entdecken.

Der Hauskauf ist aber durchaus eine interessante Alternative zum Neubau und er kann Ihnen im günstigsten Fall sehr schnell zu geeignetem Wohnraum verhelfen.

Wir hoffen, dass Ihnen das vorliegende Buch auf diesem Weg zu Wohneigentum ein hilfreicher Begleiter ist.

Für Anregungen oder Kritik sind wir jederzeit offen.

Stichwortverzeichnis

Abnahme 114
Abnahmeprotokoll 114, 116, 149
Abschlagszahlung 26
Abstandsfläche 102
allgemeine Unterlagen und Dokumente 147
Allgemeine Verwaltungsvorschrift (AVV) 48
Altlast 89
Amtspflichtverletzung 104
Angebotsprüfung 24, 55
Antenne 39
Anwalt 99 f., 102, 146
Außenanlage 46
Außenbauteil 68
Außenbereich 119
Außentreppe 122 f.
Außenwand 35, 65 f.

Bad 78, 82, 132
Balkon 38, 124
Balkonaußentür 140
Bau- und Architektenrecht 99
Bauablauf 109
Baubeginn 30
Baubeschreibung 30
Baubeschreibungsunterlagen 147
Baufertigstellungsversicherung 26
Baugenehmigung 25
Baujahr des Gebäudes 56
Baukontrolle 106
Baulastenverzeichnis 102
Bauphase 106
Bauqualität 106
Bauqualitätskontrolle 106
Bausachverständiger 106
Baustelleneinrichtung 33
Baustoffproblem 58

Bauträger 9, 24
Belastungsgrenze 14
Beleihungsgrenze 18
Beleihungswert 18
Berechnungsunterlagen 147
Besichtigung einer Bestandsimmobilie 57
Bestandsimmobilie 55
Betriebs- und Wartungsnachweis 147
Beurkundungstermin 104
Beweislastumkehr 114
Blower-Door-Test 107
Bodenbelag 131, 137 f., 142 f.
Brennstofflager 70 f.
Bundesamt für Wirtschaft und Ausfuhrkontrolle (BAFA) 48

Checkliste
 für die Bedarfsermittlung 23
 monatliche Einnahmen/Ausgaben 15
 für die Abnahme 119
Courtage 55

Dach 68
Dachdämmung 37
Dachdeckung 37
Dacheindeckung 68
Dachfenster 144
Dachflächenfenster 37
Dachkonstruktion 36
Dachschräge 37
Dachzubehör 37
Darlehen 14
Decke 36
Deckenuntersicht 131, 137, 142
Denkmalschutz 90
DIN 277 47
DIN 283 47
Dränage 35, 120

Eigenkapital 13
Eigentumsübergabe 114
Einbehaltrecht 107
Einliegerwohnung 21
Eintragung einer Auflassungsvormerkung 25
Elektroinstallation 40, 118, 131, 138, 143
energetische Qualität 30
Energiebedarfsausweis 48, 49
Energieeinsparverordnung (EnEV) 48, 86
Energiepass 89
Erdarbeiten 34
Erschließungskosten 98, 102
Estrich 43
exakte Ratendefinition 28

Fallrohr 125
Fassade 121 f.
Fenster 38, 66 f., 117, 129, 135, 140
Fensterbank 122, 129, 136, 141
Fenstertür 117
Fertigstellung 30
Fertigstellungsbürgschaft 26, 100
Fertigstellungsversicherung 100
Finanzierungsbedarf 13
Finanzierungsberatung 18
Finanzierungskosten 94
Finanzierungspartner 16
Flachdach 85, 125 ff.
Fliesen 118
Fliesenarbeiten 44
Förderprogramm 17

Garage 68 f.
Garten 22, 69
Gartenmauer 68 f.
Gaube 68
Gebäudeenergiepass 103
Gebäudeversicherung 103

gebrauchte Immobilien 10
Genossenschaftlicher Bauverein 54
Gerichtskosten 94
Gewährleistung 148
Gewährleistungsanspruch 148
Gewährleistungsfrist 114
Gewährleistungsversicherung 100
Gewährleistungszeit 148 f.
Grunderwerbsteuer 94
Grundstücksgröße 30, 92
Grundstückspreis 92
Gründung 34
Gutachterausschuss 92

Hausabnahme 114
Hausanschluss 133
Hausanschlussraum 70
Hausbesichtigung 64
Hauseingangsbereich 39
Hausplan 103
Haustür 135
Hausübergabe 145
Heizungsanlage 132 ff.
Heizungsinstallation 40, 118, 132, 138, 143
Heizungszentrale 70 f.

Immobilienmakler 55
Innenputz 43
Innentreppe 36
Innentür 43, 117, 129, 135, 140
Innenwand 36

Kamin 68, 139
Kaufpreis 92
Kaufvertrag 25, 30, 97
Keller 22
Kelleraußentür 128 f.
Kellerersatzraum 22
Kellerfenster 35
Kellerraum 72 ff.

Kellerwand 35
KfW-Förderbank 17, 18
Klappladen 67
Klempnerarbeiten 38
Klingelanlage 39
kommunales Wohnbauunternehmen 54
Konstruktionsproblem 58
Konstruktionsweise 30
Kostenvergleich 93
Kredit 13
Kreditgeber 18
Küche 77, 82

Landeskreditbank 19
Lichtschacht 119
Luftdichtigkeitsprüfung 108

Makler 55
Makler- und Bauträgerverordnung (MaBV) 24, 25
Maklercourtage 10, 55
Malerarbeiten 44
Mangel 107, 115, 148
Mangel bei der Hausübergabe 146
Modernisierungsmaßnahme 54
Modernisierungsnachweis 147
Musterbaubeschreibung 32

Notar 103
Notargebühr 94
notarielle Beurkundung 103
Notarrecht 104

Ofen 138
ökologisches Bauen 18

Parkettarbeiten 44
Parkettboden 118
Plan 30
Planunterlagen 147

Prioritätenliste 22
Provisionsanspruch 56

Raten nach MaBV 26
Rechtsmängelhaftung 98, 102
Referenzadresse 53
Regenrinne 68
Reihenhaus nach dem Wohnungseigentumsgesetz (WEG) 97
Rinne 124
Risikolebensversicherung 14
Rollladen 39, 67, 118, 122, 129 f., 136, 141
Rücktrittsrecht 102, 105

Sachmängelhaftung 98, 102
Sanierungsmaßnahme 56
Sanitärgegenstand 41, 118
Sanitärinstallation 41, 132, 138, 143 f.
Schadstoff 89
Schallschutz 30
Schlechtwetterphase 113
Schlüssel 147
Schuppen 68 f.
Sockel 120 f.
Solaranlageninstallation 18
Sondertilgung 18
Speicherboden 84 f.
Steildach 125 f.

technische Ausstattung 30
Teilungserklärung 103
Telefon 39
Teppicharbeiten 45
Terrasse 45, 123 f.
Terrassentür 139
Tilgung 14
Treppe 131, 139, 144

Treppenhaus 81
Trockenbau 43
Tür 66 f.
typischer Mangel 117

Verkaufsexposé 29
Verkehrswert 11
Versteigerungstermin 12
Vertragstermin 113
Vorbehalt 115

Wandfläche 119, 130, 136 f., 141 f.
Warmwasserbereitung 41
Wartungsvertrag 103
Waschküche 72

Wertgutachten 11
Wintergarten 45
Wirtschaftsauskunftei 53
Wohnbedarf 19
Wohnfläche 30, 47
Wohnflächenberechnung 47, 103
Wohnflächenverordnung (WoFlV) 47
Wohnraum 74 ff., 78 ff., 82 ff.

Zinsbindung 19
zusätzliche Kosten 94
Zwangsversteigerung 11
zweite Berechnungsverordnung (II. BV) 47
Zwischentermin 113

Anhang

Adressen / Allgemeines

Adressen von **Architekten** oder **Fachingenieuren** finden Sie im Branchenfernsprechbuch Ihres Landkreises oder Ihrer Kommune oder unter:
www.gelbeseiten.de

Bautechnik / Bauqualität / Baukontrolle

Der **Bauherren-Schutzbund** bietet eine Baubegleitung für Bauherren an. Weitere Informationen unter:
www.bsb-ev.de

Der **Verband privater Bauherren** bietet ebenfalls einen Service rund um den Hausbau an:
www.vpb.de

Die **Industrie- und Handelskammern** bieten ein Sachverständigenverzeichnis an:
www.svv.ihk.de

Die **Verbraucherzentralen** Baden-Württemberg, Hessen und Rheinland-Pfalz bieten eine Bauberatung zur Prüfung von Bauträgerangeboten durch Anwälte und Ingenieure an:
www.verbraucherzentrale.de

Das **Institut Bauen und Wohnen** bietet eine bundesweite Prüfung von Bauträgerangeboten durch Ingenieure an:
www.institut-bauen-und-wohnen.de

Die **Verbraucherzentralen** bieten teilweise eine Bauberatung an, so in Hessen, Rheinland-Pfalz und Baden-Württemberg:
www.verbraucherzentrale.de

Das **Fraunhofer Informationszentrum Raum und Bau** bietet zahlreiche Fachinformationen an, sowohl als Buchform, wie auch in Form von Online-Datenbanken:
www.irbdirekt.de

Die **Stiftung Warentest** testet immer wieder Bauprodukte, wie z.B. Heizungsbrenner und anderes:
www.test.de

Baufinanzierung

Günstige Kredite erhält man unter bestimmten Voraussetzungen bei den einzelnen Landeskreditbanken der Bundesländer und bei der KfW-Förderbank in Frankfurt. Informationen hierzu können Sie im Einzelnen abrufen bei:

Baden-Württemberg
L-Bank
www.l-bank.de

Bayern
Bayerische Landesbodenkreditanstalt
www.labo-bayern.de
Außerdem bei den Landratsämtern und Kreisfreien Städten
www.wohnen.bayern.de

Berlin
Investitionsbank Berlin
www.ibb.de

Brandenburg
Investitionsbank des Landes Brandenburg
www.ilb.de

Bremen
Bremer Aufbau-Bank
www.bab-bremen.de
Außerdem
www.bauumwelt.bremen.de

Hamburg
Hamburgische Wohnungsbaukreditanstalt
www.wk-hamburg.de

Hessen
Landestreuhandstelle Hessen
www.wibank.de

Mecklenburg-Vorpommern
Landesförderinstitut Mecklenburg-Vorpommern
www.lfi-mv.de

Niedersachsen
Niedersächsische Landestreuhandstelle
www.nbank.de

Nordrhein-Westfalen
NRW.Bank
www.nrwbank.de

Rheinland-Pfalz
Landestreuhandstelle Rheinland-Pfalz
www.lth-rlp.de

Saarland
Landesbank Saar
www.sikb.de

Sachsen
Sächsische Aufbaubank
www.sab.sachsen.de

Sachsen-Anhalt
Investitionsbank Sachsen-Anhalt
www.ib-sachsen-anhalt.de

Schleswig-Holstein
Investitionsbank Schleswig-Holstein
www.ib-sh.de

Thüringen
Thüringer Aufbaubank
www.aufbaubank.de

Bundesgebiet zusätzlich:
KfW-Förderbank
www.kfw.de

Bei **Finanztest** erhalten Sie unabhängige Testergebnisse der verschiedensten Finanzierungsanbieter und deren Konditionen.
www.test.de

Die **Verbraucherzentralen** haben eine Internetseite rund um das Thema Baufinanzierung eingerichtet. Sie finden diese unter:
www.baufoerderer.de

Baurecht

Auch im Falle von Rechtsfragen beim Bauen kann Ihnen der **Bauherren-Schutzbund** weiterhelfen, der auch in diesem Bereich Beratung bietet. Weitere Informationen unter:
www.bsb-ev.de

Gleiches gilt für den **Verband privater Bauherren**, der ebenfalls Fachanwälte benennen kann:
www.vpb.de.

Bauversicherungen / Bausicherheit

Die **Bau-Berufsgenossenschaften** sind die Pflichtversicherungseinrichtungen für das Baugewerbe und alle Selbstbauer und Bauhelfer. Neben den gesetzlich vorgeschriebenen Versicherungen erhalten Sie hier auch zahlreiche Informationen rund um die Bausicherheit.
www.bgbau.de

Bauen und Umbauen mit dem Architekten
Von der Planung bis zur Fertigstellung
Peter Burk, Günther Weizenhöfer
2., erw. Aufl. 2011, 176 Seiten, zahlr. Grafiken u. Fotos, Kartoniert
ISBN 978-3-8167-8538-5

Häufig wird bei einem Neubau oder beim Umbau eines bestehenden Gebäudes die Hilfe eines Architekten in Anspruch genommen. Den geeigneten Fachmann zu finden und einen ausgewogenen Vertrag zu schließen wird mit diesem Ratgeber erheblich erleichtert. Der Bauherr wird in die Lage versetzt, die Planungs- und Bauqualität zu beurteilen, die Handwerkerrechnungen zu kontrollieren und Bauleistungen abzunehmen. Alle aktuellen Änderungen der Honorarordnung für Architekten und Ingenieure, des Werkvertragsrechts nach dem Bürgerlichen Gesetzbuch und der Vergabe- und Vertragsordnung für Bauleistungen sind eingearbeitet.

Ratgeber energiesparendes Bauen
Auf den Punkt gebracht –
Neutrale Fachinformationen für mehr Energieeffizienz
Thomas Königstein
5., akt. Aufl. 2011, 206 Seiten, zahlr. Abbildungen, Tabellen, Kartoniert
ISBN 978-3-8167-8454-8

Beim Bauen – ob Neubau oder die Modernisierung eines Gebäudes – sollten auf der einen Seite das Wohlbefinden und die Gesundheit der Bewohner und auf der anderen Seite die Energieeinsparung einen wichtigen Platz einnehmen. Das Buch zeigt alle Möglichkeiten der Energieeinsparung beim Bauen auf. Es stellt die wichtigsten modernen Bau- und Dämmstoffe vor und zeigt, was beim Ausbau von Fenstern über die Lüftung und Heizung bis zur Nutzung von Kollektoren und Stromspartechnik bedacht werden muss. Außerdem wird die Umsetzung der aktuellen Energieeinsparverordnung (EnEV 2009) und des Passivhaus-Standards detailliert erläutert.

Welche Heizung braucht das Haus?
Systeme der Heiz- und Lüftungstechnik im Vergleich
Rolf Schmidt
2., akt. Aufl. 2010, 77 Seiten, zahlr. Abbildungen, Tabellen, Kartoniert
ISBN 978-3-8167-8157-8

Praxisnah werden für Neubau und Altbau auf der Grundlage der Energieeinsparverordnung und nach den Förderkriterien der Kreditanstalt für Wiederaufbau aktuelle Gas-, Wärmepumpen- und Holzheizungen kombiniert, berechnet und miteinander verglichen. Die energetischen Werte sowie die Investitions- und Verbrauchskosten sind in vergleichenden Darstellungen anschaulich zusammengefasst und verständlich beschrieben. Mit diesem Ratgeber sind neben Architekten und Planern auch interessierte Bauherren in der Lage, die dargestellten Anlagekombinationen bei ihren eigenen Vorbereitungen energetisch und wirtschaftlich zu bewerten und die optimale Heiztechnik auszuwählen.

Fraunhofer IRB Verlag
Der Fachverlag zum Planen und Bauen

Nobelstraße 12 · 70569 Stuttgart · Tel. 0711 9 70-25 00 · Fax -25 08 · irb@irb.fraunhofer.de · www.baufachinformation.de